宋代之市舶司與市舶條例

[日]藤田豐八◎著
魏重慶◎譯

山西出版傳媒集團
山西人民出版社

圖書在版編目(CIP)數據

宋代之市舶司與市舶條例 / [日] 藤田豐八著；魏重慶譯. —太原：山西人民出版社，2015.9(2024.2重印)
(近代海外漢學名著叢刊 / 鄭培凱主編)
ISBN 978-7-203-09108-0

Ⅰ. ①宋… Ⅱ. ①藤… ②魏… Ⅲ. ①市舶司－研究－中國－宋代 Ⅳ. ①F752.944

中國版本圖書館CIP數據核字(2015)第191352號

宋代之市舶司與市舶條例

叢刊主編　鄭培凱
著　　者　[日] 藤田豐八
譯　　者　魏重慶
責任編輯　崔人杰

出 版 者　山西出版傳媒集團·山西人民出版社
地　　址　太原市建設南路21號
郵　　編　030012
發行營銷　0351-4922220　4955996　4956039
　　　　　0351-4922127(傳真)
天猫官網　https://sxrmcbs.tmall.com　0351-4922159(電話)
E-mail　sxskcb@163.com　發行部
　　　　　sxskcb@126.com　總編室
網　　址　www.sxskcb.com

經 銷 者　山西出版傳媒集團·山西人民出版社
承 印 廠　山西出版傳媒集團·山西新華印業有限公司

開　　本　700mm×970mm　1/16
印　　張　10
字　　數　73千字
版　　次　2015年9月　第一版
印　　次　2024年2月　第二次印刷
書　　號　ISBN 978-7-203-09108-0
定　　價　50.00圓

近代海外漢學名著叢刊編委會名單

總主編 鄭培凱

編委會 傅 杰 霍 巍 戴 燕（按姓氏筆畫排序）

總策劃 越衆文化傳播·周 威

總監製 南兆旭

統　籌 徐 勝 顔海琴

出版工作委員會

主　任 李廣潔

副主任 姚 軍 石凌虚

委　員 梁晉華 張文穎 秦繼華 馮靈芝
張 潔 崔人杰 王新斐 郭向南

設計總監 李尚斌

設計製作 王秀玲 吴圳龍 何萬峰 歐陽樂天

出版説明

近代海外漢學名著叢刊選取一九四九年以後未再刊行之近代海外漢學作品，編例如次：

一、本叢書遴選之作品在相關學術領域具有一定的代表性，在學術研究方嚮、方法上獨具特色。

二、爲避免重新排印時出錯，本叢書原本原貌影印出版。影印之底本皆經專家組審定，原書字體大小、排版格式均未做大的改變。

三、爲使叢書體例一致，本叢書前言、後記均采用繁體字排版。

四、個别頁碼較少的版本，爲方便裝幀和閱讀，進行了合訂。

五、少數作品有個别破損之處，編者以不改變版本内容爲前提，部分進行修補，難以修復之處保留缺損原狀。

六、原版書中個别錯訛之處，皆照原樣影印，未做修改。

由於叢書規模較大，不足之處，在所難免，殷切期待方家指正。

總序／温故而知新

晚清以來，西力東漸，西方文化思想的著作也大量譯成中文，最著名的如嚴復與林紓的譯著，影響了整個二十世紀中國的知識界與文學界，使得中國文化的思維脈絡爲之丕變。除了西方思想經典、文學與實證科學著作的翻譯，以實證方法系統化探討中國文史的域外漢學，也對中國學術思想界産生了莫大衝擊，改變了中國學術的著述方法與取嚮。

中國傳統的知識結構，是按經史子集四庫分類的，以儒家意識形態的經學爲文化知識的砥柱，以史學爲貫串歷史經驗的殷鑒，至於子部與集部，則是作爲保存文獻、擴大知識面的附帶知識，可以耽情冥想，可以悠遊玩賞，却都是邊緣化的知識，無關聖教的弘揚，無關文化精髓的宏旨。西方文藝復興之後的現代學術體系，在知識分類上，與中國傳統大相徑庭，講究系統分科，不同知識領域各有其客觀存在的價值，有其相對獨立的目的與標準。日本知識界在明治維新以來，鑒於東方文明落後於西方的船堅炮利，率先效法西方，在追求「文明開化」、「脱亞入歐」的過程中，爲日本學術發展循着現代西方的體例，建立了哲學、文學、歷史學、經濟學、法學、商學、物理學、化學、地質學、醫學、農學、工程學、植物學、動物學等等新型學科，企圖與西方學術齊頭並進，從而影響了中國近代學術體系的發展。

本叢刊選印二十世紀上半葉出版的漢學譯著近百册，分爲三大類：「歷史文化與社會經濟」、「古典文獻與語言文字」、「中外交通與邊疆史」，反映民國時期學術界重視西方及日本漢學研究的成果，藉助他山之石，重新審視中國傳統歷史文化的意義，特別是開拓了傳統學術忽略的領域。五四新文化運動以來，中國學者如蔡元培、胡適都提倡「整理國故」，以理性實證的方法，對中國文化傳統做出系統化的研究，是與這些漢學譯著相輔相成的。這些譯著除了介紹域外漢學的成果，還引進了嶄新的學術研究方法與視角，有助於梳理中國文化傳統的脈絡，重新整合知識結構與學術體系。雖然這些學術著作不是中國學者的成就，無法納入二十世紀中國文史學術的主脈，但是從中文譯本的影響而言，起碼也應當視爲中國近代學術發展的支脈或潛流，不容忽視。可惜的是，到了二十世紀下半葉，因爲兩岸政治形勢的變化，這些漢學譯著，除了部分因王雲五重新入主臺灣商務印書館，而得以在臺灣做了少量的重印，在大陸的出版界，則完全受到遺忘，甚至在許多新成立的大學圖書館中也不見踪影。我們搜集了近百冊塵封的漢學譯著，呈現給二十一世紀的中國學術界，一方面是爲了銘記前人爲推展學術而做出的努力，另一方面也是爲了提醒新常態時期的學人，學術發展有其歷史累積的脈絡，可以從中汲取歷史經驗，温故而知新。

説到「温故知新」與這批早期漢學譯著的關係，可以從兩個方面來思考，以見翻譯域外漢學如何反映了時代精神，爲融匯東西方學術思維，重新闡釋中國文化傳承，做出不可磨滅的貢獻。一是域外漢學的研究對象，以中國歷史文化典籍爲主，屬於中西文化碰撞期間興起的「國學」範疇，與五四新文化人物提倡的「整理國故」運動若合符節。研究中國歷史文化，並賦予新的學術意義，是清末民初知識精英念兹在兹的心結。歷史發展走到一個環節，時代的狂風揚起了批判傳統的大旗，風中的英雄幫着推波助瀾，却又無時或忘自己民族文化主體的未來，糾纏於「傳統」能否「現代」的困境。域外漢學的出現，以西方實證方法研究中國歷史文化傳統，綜合東西方各種語言文字材料，擴大了研究國學的眼界，即使無法打開中國文化傳統是否走到盡頭的心結，至少是提供了一個解惑的方嚮，在大霧彌漫的夜晚，看到了依稀渺茫的星光。

二是翻譯域外漢學，有一種以子之矛攻子之盾的吊詭作用，逐漸化解了中國文化思維中的自大心理與封閉心態，讓唯我獨尊的國粹基本教義派解除武裝到牙齒的盔甲，轉而吸收並接受西方實證研究的學風。民國期間新式教育制度的推行、學術體系的變化、大學學術專業的創建，具體到北京大學國學門的成立，中央研究院規劃歷史、語言、考古的研究領域，都與翻譯域外漢學背後的旨意是息息相關的。因此，重新閱覽這批民國期間的漢學譯著，對二十一世紀的現代學人來說，温故而知新，不但可以窺知民國學人追求新知的心理狀態，也會刺激吾人反思，認真思考學術研究方法與中國學術發展的前景，更進一步，探索文化傳統的重新闡釋與新知介入的關係。知識體系的變化當然與傳統的重新闡釋有關，是外爍的影響大呢，還是內因變化的成分居多？

論語·爲政記載孔子說：「温故而知新，可以爲師矣。」歷代解經，對這個「爲師」的道理，有兩種相近似但又取嚮不同的解釋。朱熹四書集注說：「故者，舊所聞。新者，今所得。言學能時習舊聞而每有新得，則所學在我而其應不窮，故可以爲人師。若夫記問之學，則無得於心而所知有限，故學記譏其不足以爲人師，正與此意互相發也。」雖然朱熹把知識分爲「舊所聞」與「新所得」，强調的却是「學而時習之」，從中生發新的心得，也就是從詮釋舊典中得到新知。這個説法與朱熹在鵝湖之會以後，作詩唱和，寫給陸九淵的詩句，「舊學商量加邃密，新知涵養轉深沉」，异曲同工，是一個意思，萬變不離其宗，舊學與新知是同一個脈絡的知識學理。

然而，有些朱熹之前的經學家，解釋「温故知新」，却有不同的取嚮。皇侃論語義疏就說：「故，謂所學已得之事也。所學已得者則温尋之不使忘失，此是月無忘其所能也。新，謂即時所學新得者也。知新，謂日知其所亡也。若學能日知所亡，月無忘所能，此乃可爲人師也。」皇侃明確説到，「故」指的是過去所學的知識，而「新」則指的是新近學到的知識，新舊結合，相互發明，就可以「爲人師」了。邢昺論語注疏循着皇侃的思路，也説：「言舊所學得者，温尋使不忘，是温故也。素所未知，學使知之，是知新也。既温尋故者，又知新者，則可以爲人師也。」這裏講的「素所未知」，就不衹是研讀舊學，有了新的體會，從過去的傳統中發展出的「新知」，而是從來没聽過、没想過的新學問了。這種「素所未知」的新學問，結合「舊所聞」，對習以爲常的知識框架，就會産生巨大的衝擊，而出現飛躍性的結構變化。知識内容或許大體沿襲傳統，知識結構却得以重新整合，出現嶄新的認知系統，重新審視自己文化傳統的意義，打開文化傳承的新局面。二十世紀上半葉的漢學譯作，就發揮了這樣的作用，促使中國學者放棄自我中心的文化態度，從各種不同側面，探知中國歷史文化的光譜，以域外（或是全球）的角度觀測中國傳統，摇動了文化的萬花筒，看到七彩繽紛的中國。

嚴復在甲午戰爭之後，改良變法思想風起雲涌之時，開始大量翻譯西方思想經典著作，是有感於國人（特別是傳統文化孕育的知識精英）思維系統封閉，企圖介紹實證新知，引進邏輯思維的方法，以破除儒學之道「一以貫之」與「放之四海而皆準」的虚妄。他翻譯天演論，在序文中提到，有人歸納東西方學術思想，認爲中國文化重精神，是形而上之學，立意高超，而西方文化重物質，是形而下之學，衹追求功利的回報。他認爲，這種自以爲是的蒙昧態度，陷入傳統舊學的框囿而不自知，没有自我反思的能力，無法吸收「素所未知」的新知識，也就無法開展並弘揚自己的文化傳統。嚴復非常清楚他翻譯西方經典的目的，是爲了介紹新知，打破中國傳統思維的封閉性，但是，作爲披荆斬棘的拓荒人，他深知思想封閉者的頑固心理，必須因勢利導，以免遭到盲目衛道之士的攻訐。嚴復有其防身的策略，不會像許褚戰馬超那樣赤膊上陣，而是以桐城文章譯述赫胥黎、斯賓塞、穆勒、亞當·斯密、孟德斯鳩，博得晚清知識精英的贊許，文章深閎而傳入了新知義理。從文化變遷的角度而言，通過翻譯，以迂迴戰術來介紹西方思想，得到巨大的成功，産生了改變傳統思維體系的實效，是中國近代思想史上影響深遠的大事。以此類推，民國時期大量翻譯域外漢學的影響，也是不容忽視的思想史課題。

關於清末民初西方學術思維衝擊中國知識精英，顛覆傳統文化的知識結構，錢穆在現代中國學術論衡的序言中，從中國文化本位的立場，發出深刻的感慨，做了籠統的批評：「文化异，斯學術亦异。中國重和合，西方重分别。民國以來，中國學術界分門别類，務爲專家，與中國傳統通人通儒之學大相違异。循至返讀古籍，格不相入。此其影響將來學術之發展實大，不可不加以討論。」錢穆所指出的問題，是傳統知識體系强調「通」，文史哲不分家，最崇尚通儒，而現代學術講究專業分科，各司其職，以至於讀不通古籍呈現的整體性知識思維。姚名達在撰寫中國目録學史的時候，對西力東漸，西潮帶來的翻譯著作及新知新學，也有類似的感慨：「四部分類法，不合時代也，不僅現代爲然。自道光、咸豐允許西人入國通商傳教以來，繼以派生留學外國，於是東西洋洋籍逐年增多。學問翻新，迴出舊學之外。目録學界之思想不免爲之震蕩。」這種對學術體系發生重大變化的觀察，反映了中國學人從晚清一直到民國，夾在東西方兩種不同思維體系的衝突中，身歷其境的切身感受，因此感觸良多。

二十世紀上半葉最能代表中國學術的通儒是王國維與陳寅恪，他們浸潤了經史子集的四部知識傳統，承繼乾嘉篤實的考據學風，却都經過西洋邏輯思維與實證科學的洗禮，參與中國知識結構的轉型。對西方現代知識結構如何在中國生根發芽，不但再三致意，并且以自己的學術實踐來努力促成。王國維早在一九〇二年就寫信給張之洞，反對把經學列爲大學分科之首，而主張效法西方與日本的大學，設立哲學科，明確指出知識結構的分類不可因循傳統，而必須另起爐竈。陳寅恪在一九二五年就清華大學建制的問題，寫了吾國學術之現狀及清華之職責，指出大學的職責在於學術之獨立，而中國學術界的情況令人十分不滿，必須認真效法西方學術的體制及實踐。他說：「蓋今世治學以世界爲範圍，重在知彼，絕非閉門造車者比。」這兩位國學大師，對西方與日本的漢學研究十分注意，都是以開放態度對待域外漢學研究，集思廣益，以成其大家。

再回到「温故知新」的歷代經解，說説文化傳承的闡釋學意義。劉寶楠在論語正義中指出，上古之時，文化知識是上層統治精英的家學，不再治理實際政事的長者可以傳遞德行的知識，可以爲人師。「温故而知新」，就顯示長者不忘舊時所學，且能吸收新知，繼承并發揚這種學術與政治合一的傳統。到了孔子之時，時代出現了變化，士大夫不見得能够謹守家法，弘揚德行，也不一定能够「爲師」了。孔子之後，世變日亟，「道術爲天下裂」，文化知識不再爲少數統治精英所壟斷，也不必然與治理政事有關，學術在民間百花齊放，百家争鳴。但是，學術知識發展的脈絡基本未變，仍然是要温故知新，進德修業。從劉寶楠不經意的闡釋中，可以看到時代變遷影響了學術文化的內容，改變了知識結構的體系，但其內在發展的理路仍舊，還是需要舊學與新知的融合，才能有所發展。

劉寶楠還引述了劉逢禄的解釋：「故，古也。六經皆述古昔、稱先王者也。知新，謂通其大義，以斟酌後世之製作，漢初經師皆是也。」劉寶楠贊成這個説法，並指出，漢唐人解釋「知新」，大多數都沿用此意。也就是説，舊學是傳統的知識結構體系，新知是時代變化出現的新知識，必須相互斟酌，才能發揮得宜。至於如何對舊學「通其大義」，就見仁見智，各有説法了。從這個通達的詮釋來討論近代西學東漸的情況，我們可以看到，「温故而知新」在民國學人的心底，是産生「傳統」與「現代」糾葛的心理陷阱，不易跨越。若依照朱熹的説法，「學能時習舊聞而每有新得，則所學在我而其應不窮」，雖然在哲理上可以模模糊糊説通，但在清末民初的具體歷史環節，西學的新知屬於完全不同的知識體系，在原有的舊學脈絡中，根本無從立足，如何「其應不窮」？所以，真要放之四海而皆準，提升「温故而知新」的普世意義，以理解域外漢學譯著與近代學術知識體系變遷的文化史意義，我們認爲，皇侃、邢昺，一直到劉寶楠的闡釋，是比較合適，並與現代文化闡釋學的説法相近。

伽達默爾（Hans-Georg Gadamer）在他的名著真理與方法中，説到認知理性與文化傳統的關係，特别指出，人們通過理性，來判斷歷史文化中事實的真相，但是人的理性與生存環境息息相關，與傳統所衍生的豐富文化底蘊有關，不可能完全超越文化傳統的思維脈絡。他認爲，人生活在文化傳統之中，就不可能「遺世獨立」，以全能超越的抽象思辨來認識傳統，甚至是批判或顛覆傳統。傳統是歷史文化延續與傳承的表徵，不會一成不變，而我們的認知理性也會因時代變遷，而不斷重新詮釋傳統。伽達默爾的闡釋學以西方文化傳統爲例，説明新知如何納入傳統，而使文化傳統生機不斷，生生不息，與中國歷代經學家的説法（朱熹除外），有异曲同工之效。以此觀照民國時期的漢學譯著，我們認爲，這批學術新知傳入中國，對中國文化傳統的繁衍與發展，實有承先啓後之功。

近代海外漢學名著叢刊的出版，最值得感謝的是南兆旭先生二十多年來搜羅的執着與努力。雖然這套叢刊不能窮盡民國時期的漢學譯著，但是，能滙集上百册自一九四九年以來在國内不曾重印的學術著作，再度公之於世，總是功不唐捐的大功德。忝爲本叢刊的主編，我面對這批民國學術材料，先是感到紛雜無章，有些原作者的學術素養也難副當前的學術標準，甚爲猶豫。後轉念一想，這是上個世紀中國最紛亂時期的學術記録，也是民生凋敝，國勢隤危，内亂外患交加之際，仍有許多學者孜孜矻矻，戮力翻譯域外漢學，爲中國學術的傳承拓展新知的坦途，不禁肅然起敬，開始用心整理分類。掛一漏萬，在所難免，好在有學殖豐贍的諍友擔任分卷主編，並撰寫各分卷前言，實在是衷心銘感。有傅杰教授負責「歷史文化與社會經濟」、戴燕教授負責「古典文獻與語言文字」、霍巍教授負責「中外交通與邊疆史」，吾道不孤矣。在整理編輯過程中，周威先生費心最多，也是我要衷心感謝的。

道術之存亡，全在人心之嚮背。這批民國漢學譯著重新問世，對我們生長在承平之世的學人，應當有激勵的作用，爲學術研究多盡份力，讓中國學術發展更上一層樓。

鄭培凱

二〇一五年七月

前言

在中國近現代學術史上，一個重大的轉折時期出現在清末民初，中國文化和中國學術幾千年來所積澱的自負和驕傲，受到前所未有的衝擊和挑戰。這種壓力既來自外部，也來自於內部，既包含着一個古老民族對於西方列强從政治、軍事、經濟、文化等各個方面强勢壓迫的自然反抗，也有着當時學人從學術傳統、研究範式、價值取嚮、材料方法等深層次的理性思考。在這樣一個大背景之下，陳寅恪先生因主張「一時代之學術，必有其新材料與新問題」而著稱於世，傅斯年先生也因倡導「上窮碧落下黄泉，動手動脚找東西」而聲名顯赫。其實，傅斯年先生這句名言的出處是在他撰寫的歷史語言研究所工作之旨趣一文當中，在講這句話的前面，他還有很長的一段話比較了當時中西學術發展出現的差距，并且指出了學術發展的三項標準：

（一）凡能直接研究材料，便能進步。凡間接的研究前人所研究或前人所創造之系統，而不能繁豐細密的參照所包含的事實，便退步。（二）凡一種學問能擴張他研究的材料便進步，不能的便退步。西洋人研究中國或牽連中國的事物，本來没有很多的成績，因爲他們讀中國的書不能親切，認中國事實不能嚴辯，所以關於一切文字審求、文籍考訂、史事辯别等等，在他們永遠一籌莫展。但他們却有些地方比我們範圍來得寬些。我們中國人多是不會解决史籍上的四裔問題的，丁謙君的諸史外國傳考證，遠不如沙萬君之譯外國傳、玉連之解大唐西域記、高幾耶之注馬可波羅遊記、米勒之發讀回紇文書，這都不是中國人現在已經辦到的。凡中國人所忽略，如匈奴、鮮卑、突厥、回紇、契丹、女真、蒙古等問題，在歐洲人却施格外的注意……（三）凡一種學問能擴充他做研究時應用的工具的，則進步，不能的，則退步。……西洋人做學問不是去讀書，是動手動脚到處尋找新材料，隨時擴大舊範圍，所以這學問才有四方的發展，嚮上的增高。[一]

他這裏所强調的材料的擴充、方法的進步，尤其舉出研究中國「四裔問題」上西方學術界的重視與所獲成績的例子，實際上都暗含着兩層意思在內：其一，是倡導重視除文獻材料之外地下材料的出土，號召學人不讀死書，而要「動手動脚到處尋找新材料」，才有可能拓展學術空間，「隨時擴大舊範圍」。西方學者古書遠遠不如中國人讀得好，却能够不斷拓展新領域，取得新成績，這是一個重要的原因。其二，是主張將研究空間從傳統的中原地區嚮着邊疆地區（亦即舊籍中的「四裔」）拓展，認爲這將是中國學術未來發展的方嚮。他尤其提到的匈奴、鮮卑、突厥、回紇、契丹、女真、蒙古等問題，都是國人重視不足，但「在歐洲人却施格外的注意」的新問題。直到今天看來，傅斯年先生所倡導的這個方嚮，也仍然具有深遠的戰略眼光。

民國時期學術所受海外漢學的影響是多方面的，而其中對於中國邊疆、民族和中外文化關係等方面的研究成果尤其引人注目，也爲時人所重視，都與這個時代背景有着密切的關係。

近代以來，西方學者（包括被國人視爲「東洋」的日本學者在内）的一批學術著作陸續被翻譯成中文出版，成爲當時國人瞭解西方並從而反觀自身的一面鏡子。其中，被選入本套近代海外漢學名著叢刊的許多名

[一] 傅斯年：歷史語言研究所工作之旨趣，國立中央研究院歷史語言研究所集刊第一本第一分，民國十七年十月。

家著作，堪稱其代表之作。這當中，有對中國古代民族史進行深入研究的白鳥庫吉著康居粟特考、帕克（E. H.Parker）所著匈奴史、津田左右吉著渤海史考等名著，也有涉及中國古代民族制度文化史的箭內亘著元朝制度考、元代經略東北考等系列研究專著。尤其是在中外文化交流和關係史方面，日本學者桑原騭藏著唐宋貿易港研究、木宫泰彦著中日交通史等著作，都開啓了這個領域的研究先河，影響甚爲深遠。

這批海外漢學名著的學術特點非常突出，一方面，它們大都充分利用了豐富的中國古代歷史文獻進行精深的文本分析，體現出作者的漢學水平和深厚的古文獻根基；但另一方面，從總體的研究方法上却與傳統的中國學術大相徑庭，作者已經不再像二十四史的史家那樣仍舊站在中原王朝正統史觀的立場來觀察所謂「四裔」，進行粗綫條的描述，而是以西方考古學、人類學、社會學等全新的研究方法和理論對研究對象從歷史語言、地理環境、社會組織結構、人群遷移流動、對外文化交流等不同的層面和角度加以剖析，從而展示出前所未有的學術新格局。在這批著作中，還有一部分屬於作者實地考察的行記，如鳥居龍藏所著東北亞洲搜訪記等，無論其學術水平如何參差不齊，但都體現出西方學術界重視田野工作、擴大和豐富新材料的研究取嚮，也和當時西方學者大規模進入我國邊疆地區開展所謂「考察」、「探險」活動的歷史背景相互呼應，由此對中國學人所産生的激烈震蕩和隨之而來「敦煌學」、「西夏學」、「蒙古學」、「藏學」等新的研究領域的形成，應當説都與之不無關係。

我們不能不注意到，在這批海外漢學名著中，日本學者的著述頗豐，這個特點也反映出近現代學術史上「東洋」與「西洋」之關係。自明治維新以來，日本以「脱亞入歐」爲國家目標，不僅在政治、經濟和軍事上努力以西方爲效仿和追趕對象，在文化上也與傳統的「以中國文化爲師」的模式拉開距離，出現了學術文化上的明顯轉型。在嚮西方學術學習借鑒方面，日本的確走在了中國的前頭，甚至承擔了嚮中國「轉手」輸入西方文化的「中間人」的角色。在中國的邊疆、民族、中西交通史等方面，日本學術界和西方學術界聯繫緊密，將其對中國傳統史籍的精深理解和西方研究範式的具體實踐有效加以結合，產生出一批重量級的學術成果，這也是清末民初投射在中國學術史背景上的一個濃重剪影。

當然也無須諱言，由於時代的局限，這套叢書所能够借以參考、使用的實物史料隨着地上地下考古文物的不斷發現，已經顯得落後。自二十世紀五十年代以來，中國學者在邊疆考古領域取得了重要的成績，尤其是在新疆、西藏、内蒙古、東北各地的田野工作爲匈奴、鮮卑、粟特、吐蕃、突厥等若干古代民族問題的研究都提供了大量新材料，提出了不少新問題。但是我們不能苛求前人，放在當時的歷史背景之下來看，叢書作者所顯現的問題意識、史料運用和研究方法，至今也仍然是具有借鑒作用的。

最後我們還應注意到，這批海外漢學著作的譯者有些是國人知曉的史學名家，如向達先生、趙敏求先生、方壯猷先生等，他們均具有深厚的傳統國學根底，也具有寬廣的國際視野，其中如向達先生曾遊學歐洲多國，在敦煌學、中西文化交流史研究等方面建樹卓越。但是，也還有更多的編譯者今天已經不再爲人知曉，這反而證明了一個事實：在清末民初這個中國近現代學術史轉型時期，西方學術所帶來的衝擊和影響，不僅僅波及少數學術精英，而且也深刻地震蕩着社會各個階層，中國人嚮西方學習從而變革求新、救亡圖存的强烈願望，可以説是這些譯著當年問世時最爲直接的「催生劑」。今天，在中華民族爲實現偉大的民族復興和「中國夢」的美好願景而努力奮鬥的新時代，重讀這套叢書，「温故而知新」，可以説是意味深長。

四川大學教授、博士生道師、教育部長江學者特聘教授

霍　巍

作者簡介

著　者

藤田豐八（一八六九年—一九二九年），日本德島縣人，日本東洋史學家，南海史、西域史學家，文學家。他從清末至民國在中國工作長達十七年。一八九八年與羅振玉共謀，於上海創辦東文學社，教授中國學生日文，同時翻譯日本出版的有關中國的新書。他通過教授課程、編輯雜誌、翻譯書籍及參與教育改革，爲我國引入和傳播西方農學、物理學及教育管理模式做出了一定的貢獻，對推動中國教育近代化和農業近代化發揮了一定的作用。

譯　者

魏重慶（一九〇〇年—?），原名震聲，號西山，浙江諸暨人。民盟成員，曾任中國人民大學、北京師範大學教授。著譯有社會學小史等。

目次

宋代之市舶司與市舶條例

第一章 市舶源流

中國之海外貿易單就記錄上觀察則可遠遡至古代。如淮南子人間訓篇所云秦始皇之所以有南越之經略，是爲得「越之犀角、象齒、翡翠、珠璣」之利，故發卒五十萬爲五軍，以一軍駐「番禺之都。」秦始皇之經略南越，其目的固然不像淮南子所說那樣細小，然南越之都會番禺卽廣州當時已爲犀角、象齒、翡翠、珠璣集散之中心市場似無疑義。特別自漢武帝滅南越置郡之後，漢書地理志云：

「處近海，多犀、象、瑇瑁、珠璣、銀、銅、果、(1)布之湊，中國往商賈者，多取富焉。番禺其一都會也。」

又舉所經海上諸國至黃支的水程云：

「自武帝以來皆獻見有譯長屬黃門，與應募者俱入海市明珠、璧流離、奇石、異物，齎黃金雜繒而往，所至國皆稟食爲耦，蠻夷賈船轉送致之。亦利交易，剽殺人。又苦逢風波溺死。不者數年來還，大珠至圍二寸以下。」

由此可知漢人在海上行賈，至少已達於印度南端。所謂黃支即後世之干支弗 Kanchipura，在其南稱「漢之譯使自此還矣」之已程不國，已程不爲 Kitthipura (2) 即 Kirtipura (今之 Kitur) 的音譯。

番禺在秦時已爲南方海上貿易中心地，故其結果至漢代自西方所移植過來的植物便成了土產。其中如耶悉茗花、茉莉花，據南方草木狀中云：「胡人自西國移植於南海。」又據陸賈南越行紀所云：「南越之境五穀無味，百草不香。此二花特芳香者，緣自別國移至，不隨水土而變。」觀之，則此二花於漢初已成爲南海地方的土產品，無疑。耶悉茗爲波斯語 Jasmin 的對音，此亦足爲當時東西海上交通之一證。Hirth 氏等早有斯論 (China and Roman Orient, 270-272)。我們對於中庸中之蒲盧，嶧山碑中之樂石，雖經幾多先賢的注釋，然終不能使人滿足，這或者是屬於外國語系的關係，這種說法，我們雖亦抱着懷疑，然至少在漢代的物名用南方海國語言得到解釋者不少，今試舉一二例言之，漢書司馬相如傳子虛賦有「諸拓巴且」一句，史記作「諸蔗獼且」，文選作「諸柘巴苴。」柘與蔗音相通，據楚辭招魂「拓漿」之句來看，則此字中國在戰國時已有，諸蔗卽甘蔗，似爲楚人所熟知。此語是否爲外來語，雖尙有疑問，然巴且、獼且、巴苴，卽後世芭蕉 Banana 之馬來語 pisang 的音譯，似可無疑。又同書上林賦有「仁頻幷閭」一句，顏師古謂：「仁頻卽賓根也，頻字或作賓。」宋姚寬西溪叢語卷下引仙藥錄云：「檳榔一名仁頻。」賓根卽檳榔，此爲馬來語 pinang (arecapalm) 的音譯固不消說，而 pinang 之爪哇語則爲 Jambi (Crawfurd, Dict. of Indian islands, 275)。如此則仁頻無疑爲 Jambi (3) 的對音。上林賦中又有「欃檀木蘭」一句，孟康注曰，欃檀爲「檀別名。」此語其實是後世旃檀卽梵名 Chandana 的音譯，其語流行於南方。又珠璣或作明珠，亦作明璣，元來此等字與梵語 Sukli (pearl-oyster) 或 Suktijain (pearl) 之 Suk 有關連，Gerini 氏所說珠與此等梵語有關係之說，可謂正而合理 (Researches, 246)。珠之上加一明字者，與梵語 mani 同，後世直以此譯爲摩尼或末難，解作珠字之意義。那麼珠名稱的起原是在六朝以後。璧流離據西域傳補注徐松指爲 Vaidurya 之訛，我想爲 Beryl 同語之訛。漢人說起南越唯一爲彼等所羨慕者爲由海上貿易所得到的其地方的富庶，歷史上關於這方面的記載歷代不絕於書，後漢書賈琮傳云：

「舊交阯土多珍產，明璣、翠羽、犀、象、瑇瑁、異香、美木之屬，無不自出。前後刺史率多無淸行，上承權貴，下積私賂，財計盈給，輒復求見遷代，故吏民怨叛。」

吳祐傳云：

「父恢爲南海太守，祐年十二，隨從到官。恢欲殺青簡以寫經書，祐諫曰，今大人踰越五領，遠在海濱，其俗誠陋，然多珍怪，上爲國家所疑，下爲權戚所望。」

晉書義陽成王望傳記其孫奇之數貨云：

「奇示好畜聚，不知紀極，遣三部使到交廣商貨，爲有司所奏。」

尤其在吳隱之傳中所記最足以窺見當時的情形，其文曰：

「廣州包帶山海，珍異所出，一篋之寶，可資數世。然多瘴疫，人情憚焉。唯貧窶不能自立者，求補長史，故前後刺史皆多黷貨。朝廷欲革嶺南之弊，隆興中，以隱之爲龍驤將軍廣州刺史，假節領中郎將。未至州二十里，地名石門，有水曰貪泉，飲者懷無厭之欲。隱之既至，語其親人曰，不見可欲，使心不亂，越嶺喪清，吾知之矣。乃至泉所，酌而飲之，因賦詩曰，古人云此泉，一歃懷千金，試使夷齊飲，終當不易心。及在州，清操踰厲，常食不過菜及乾魚而已，帷帳器服皆付外庫，時人頗謂其矯，然亦始終不易。」

據上述諸史所載，交廣之珍異似爲其本地所出，然此不過對中土立言的結果，多數的珍品實由海上貿易獲得的。那位王奇之到交廣商貨者，是行商在所謂(4)崐崙舶之間。觀晉書孝武文李太后傳載：「時后爲宮人，長而色黑，宮人皆謂之崐崙。」則崐崙之名，當時連宮中也知道。這可想像當時已有因海舶而進貢獻的崐崙奴子。宋史王玄謨傳很明白的說：「又寵一崐崙奴子，名曰主，常在左右，以杖擊羣臣。」至南齊書王琨傳云：「南土沃實，在任者常致巨富，世云，廣州刺史但經城門一過，便得三千萬也。」荀伯玉傳云：「又度絲錦，與崐崙舶營貨。」南蠻傳贊云：「至於南夷雜種，分嶼建國。四方珍怪，莫此爲先。藏山隱海，瓌寶溢目。商舶遠屆，委輸南州。故交廣富實，物積王府。」此皆足以證明當時海上貿易非常興盛。交廣之所以成爲富庶之地，主要原因卽在此。至當時南海官吏如何待遇海舶，如何貪斂暴利，在梁書王僧孺傳有云：

「尋出爲南海太守，郡常有高涼生口及海舶每歲數至（外國賈人）以通貨易。舊時州郡以半價就市，又買而卽賣，其利數倍，歷世以爲常。僧孺乃歎曰，昔人爲蜀部長史，終身無蜀物，吾欲遺子孫者，不在越裝，並無所取。」

這種情形，歷陳隋至唐初似無稍變，陳書阮卓傳云：

「交阯通日南象郡，多金翠羽珠貝珍怪之產。前後使者皆致之，唯卓挺身而還，衣裝無他，時論咸服其廉。」

王勱傳云：

「勱行廣州府事，越中饒沃，前後守宰，例多貪縱。勱獨以淸白聞。」

又新唐書丘和傳云：

「大業末，海南苦吏侵，數怨畔。帝以和所莅稱淳良，而黃門侍郎裴矩亦薦之，遂拜交阯太守。撫接盡情，荒慢安之。（中略）林邑西諸國，數遺和明珠文犀金寶，故和富埒王者。」

至武后時卒釀成路元叡的事件。如新唐書王方慶傳云：

「武后時，累遷廣州都督。南海歲有崐崘舶市外區琛琲。前都督路元叡冒取其貨，舶酋不勝忿，殺之。方慶至，秋毫無所索。」

資治通鑑則天光宅元年條亦有云：

「秋七月戊午，廣州都督路元叡爲崐崘所殺。元叡闇懦，僚屬恣橫。有商舶至，僚屬侵漁不已。商胡訴於元叡，元叡索枷，欲擊治之。羣胡怒，有崐崘袖劍直登聽事，殺元叡及左右十餘人而去，無敢近者。登舟入海，追之不及。」

聽事或廳事與後世之廳同，謂官府治事之處。

不消說，自兩漢以來，外國使臣與商舶所進貢的東西固歸屬中央，亦由中央付給相當回賜。至關於交廣地方的貿易利益，中央與地方制度上有如何規定？據後漢書朱暉傳所載，元和中尚書張林上言云：「宜因交阯益州上計吏往來市珍寶，收采其利。」此制似曾實行，不過此亦爲一時的現象。貿易的利益大半是入地方官吏的囊橐。只有作爲貢賦用的某種貨物，與其他各地同，皆解送中央。此與因貿易而得的利益無涉。惟自阿剌伯人勃興南方海上貿易至唐代頗極一時之盛，商業上的利益與年俱增，至是始設置一定機關。中央爲欲吸收其利益，於是有所謂市舶使的特設官吏也興起來了，

市舶使之使的名稱初次看到是在新唐書柳澤傳：

「開元中，轉殿中侍御史，監嶺南選，時市舶使右威衞中郎將周慶立造奇器以進。澤上書曰，（上略）陛下新卽位，固宜昭宣菲薄，廣示節儉，豈可以怪好示四方哉」

文獻通考（卷六十二提舉市舶條）玉海（卷百八十八唐市舶使條）等書亦引用此文作爲在開元初年卽有市舶使的左證。惟對於柳澤彈劾周慶立的年次，桑原博士根據册府元龜卷五百四十六，中村學士根據舊唐書卷八謂在開元二年十二月，（史學雜誌第二十六編第十號與第二十八編第三號，）其實玉海於「開元中」下文註二月十二日，殆可說是二年十二月之譌，這有何根據？雖不能明言，但已爲前人所注意則可知。

市舶使創設於何時？無明白記載，其成爲常制約在開元以後，觀唐李肇國史補卷下云：

「開元已前，有事於外，則命使臣，否則止。自置八節度十採訪，始有坐而爲使。其後名號益廣。大抵生於置兵，盛於興利，普於銜命。於是爲使則重，爲官則輕。故天寶末，佩印有至四十者。大曆中，請俸有至千貫者」

亦可知。設置八節度爲開元中事，而設置十採訪則在開元二十二年時。元來所謂市舶或互市舶是對於西北陸上互市而言，猶云船上互市或海上互市。互市的船舶稱商舶或海舶，自外國來的船稱蕃舶或夷舶，或冠以國名名之，似無稱市（5）舶者。新唐書盧奐傳云：

「天寶初，爲南海太守。南海兼水陸都會，物產瓌怪。前守劉巨鱗、彭果，皆以贓敗，故以奐代之。汙吏斂手，中人之市舶者，亦不敢干其法，遠俗爲安。時謂自開元後四十年，治廣有清節者，宋璟、李朝隱、奐三人而已。」

所謂「中人之市舶者，」意爲中人即宦官主持船上互市之義。所謂市舶使，據通鑑（卷二百十一）開元四年條載：

「有胡人上言，海南多珠翠奇寶，可往營致，因言市舶之利。又欲往師子國，求靈藥及善醫之嫗，寘之宮掖。上命監察御史楊範臣與胡人偕往求之。範臣從容奏曰，陛下前年焚珠玉錦繡，示不復用，今所求者，何以異於所焚者乎！彼市舶與商賈爭利，殆非王者之體。」

卽爲海上互市之意。其中所謂南海，胡三省注之曰，「謂林邑扶南眞臘諸國也。」師子國是指 Sinhala，卽今日之錫蘭。

又當時任市舶使之職者，大概似爲宦官，此於上引新唐書盧奐傳中「中人之市舶者」一語已可看出。舊唐書代宗紀亦有云：

「廣德元年十二月甲辰，宦官市舶使呂太一逐廣南節度使張休，縱下大掠廣州。」

不過呂太一事件，據通鑑（卷二百二十三）所載，謂在廣德元年十一月，

「宦官廣州市舶使呂太一發兵作亂，節度使張休棄城奔端州。太一縱兵焚掠，官軍討平之。」

又宋孔平仲之續世說，亦有云：

「盧鈞爲廣州刺史，爲政廉潔，請監軍領市舶使，己一不干預。」

此爲武宗會昌年間之事，當時任監軍之職者，概爲宦官，故文獻通考（卷五十九）職官監軍條云：

「開元二十年後，並以中官爲之，謂之監軍使」

由此推之，上述開元二年進奇器之周慶立亦爲宦官。元來右威衞中郎將的官名，也是始於唐室宦官興盛時期。玄宗立爲太子之時，通鑑（卷二百十）開元元年條記高力士爲右監門將軍知內侍省事之次，又云：

「是後宦者稍增至三千餘人，除三品將軍者浸多，衣緋至千餘人。」

這種慣例，在通鑑（卷二百三十四）德宗貞元八年六月條：

「嶺南節度使奏，近日海舶珍異，多就安南市易，欲遣判官就安南收市，乞命中使一人與俱。上欲從之。陸贄上言，以爲遠國商販，惟利是求，緩之斯來，擾之則去。廣州素爲衆舶所湊，今忽改就安南，若非侵刻過深，則必招攜失所，曾不內訟，更蕩上心。況嶺南安南，莫非王土，中使外使，悉是王臣，豈必信嶺南而絕安南，重中使以輕外使，所奏望寢不行。」（見陸宣公奏議卷一論嶺南請於安南置市舶中使狀）

亦可窺知。當時市舶使既槪由宦官充任，隨之其勢力之增大，殆與節度使呈對立狀態。柳宗元嶺南節度使饗軍記（柳文卷二十六）有云：

「唐制，嶺南爲五府，府部州以十數。其大小之戎，號令之用，則聽於節度使焉。其外大海多蠻夷，由流求訶陵西抵大夏康居，環水而國以百數，則統於押蕃舶使。內之幅員萬里，以執秩拱玉，稽時聽教命。外之羈屬數萬，以譯言贄寶，歲帥貢職。合二使之重，以治於廣州。」

流求是指台灣，菲律賓諸島殆亦包含在內，訶陵是指爪哇，大夏康居元無海國，其意是指阿剌伯人所領有的地域。所謂押蕃舶使若是指統制與此等西南海國通商上的官吏，則卽爲市舶使。押蕃舶使的使的名稱，在他書上尚未看到，僅在唐李肇國史補所列舉諸使中有押蕃使之名與此略相似，疑此書於蕃字下脫落一舶字，亦未可知。總之市舶使卽押蕃舶使當時是宦官所任之職，在第九世紀阿剌伯商人 Abou-Zeyd-Al-Hassan 氏亦曾言之 (Reinaud, Relation des Voyages fait par les Arabes et les persans dans l'Inde et à la Chine, I. 74–77)，可見東西史料亦相符合。

收買舶貨，在古代已實行。貪官汚吏緣此而擅取暴利者觀前所列舉之事實已可明白。收買與征稅等方法至唐時，似略有一定方式，新唐書李勉傳云：

「五嶺平西南夷舶歲至纔四五，譏視苛謹。勉旣廉潔，又不暴征，明年至者，乃四千餘柁。」

此爲代宗時代的事實。又韓愈於孔戣墓誌銘中敍述其在元和十二年爲嶺南節度使時的事績有云：

「蕃舶之至泊步有下碇之稅，始至有閱貨之燕，犀珠磊落賄及僕隸，公皆罷之。絕海之商，有死於吾地者，官藏其貨，滿三月無妻子之請者，盡沒之。公曰：海道以年計往復，何月之拘？苟有驗者，悉推與之，無算遠近。」

新舊唐書孔戣傳所記皆與此同。泊步之步卽步頭（宋張端義貴耳集有鹽步頭，爲鹽運之步頭。）卽後世之埠頭。(6)又新唐書王鍔傳云：

「遷嶺南節度使。廣人與蠻雜處，地征薄多牟利於市。鍔租其廛，摧所入與常賦埒，以爲時進。裒其餘，悉自入。諸蕃舶至，盡有其稅，於是財蓄不貲，日十餘艘，載皆犀象珠琲，與商賈雜出於境，數年京師權家無不富鍔之財。」

總上諸例與李肇之國史補所云：

「南海舶外國船也每歲至安南廣州。師子國船最大梯而上下數丈皆積寶貨至則本道奏報，郡邑爲之喧闐有蕃長爲主領市舶使籍其名物，納舶腳，禁珍異，蕃商有以欺詐入牢獄者。」

綜合觀之在大體上當時對於舶商已有官場處置其事。舶腳在孔戣傳中謂之下碇稅，卽今日之噸稅（Tonnage dues）。「禁珍異」之禁字是禁榷之禁凡珍異之物由官抽取之以收專賣之利，或上供宮廷之用。唐劉蛻獻南海崔尙書書中所云：

「南海實筦榷之地。有金珠貝甲犀牙文犀之貨。」（白孔六帖卷八十三商賈條引文）

卽此意。當時禁榷所得利益之大，國家費用亦多依賴之，如新唐書黃巢傳云：

「巢又丐安南都護廣州節度使書聞，右僕射于琮議，南海市舶利不貲，賊得益富而國用屈。」

不過舶腳與禁貨的稅率，在中國史籍中尙未發見，據第九世紀阿剌伯商人 Soleyman 的報告來看：

「凡海船自海外至（廣府）者，政府之代理官命其呈交船貨，將所得之船貨封藏於特定之倉庫中。其存放期限至最終之海船到達時爲止，約有六個月之久。至六個月之後，政府抽取其各貨十分之三，其餘仍返還原主。」(Reynaud, Relation des Voyages, I. 34)

所徵收之稅率大體約爲十分之三。後來國史補中所說「納船腳，禁珍異」的稅率，當卽爲此稅率。貪官汚吏之賤買貴賣更可對其他行之。

波斯人阿剌伯人等自從通商關係至居留廣州果始於何時？已難以確定其時期。上引新唐書王鍔傳中所看到「廣人與蠻雜處」，舊唐書中所看到「廣人與夷人雜處」，這是在德宗貞元中葉，卽西曆第八世紀末葉的事實。我想此地所謂蠻或夷人，主要者是阿剌伯人。比此稍前在肅宗乾元元年（西曆七五八）九月，據廣州所奏有：

「大食波斯圍州城，刺史韋見踰城走。二國兵掠倉庫，焚廬舍，浮海而去。」

的事件發生（通鑑卷二百二十，新唐書大食傳），由此可想見當時在廣州住留的外國人實在不少。又與廣州居同等地位的南方海口揚府(Janfu)卽揚州，在上元元年（西曆七六〇）被田神功所殺死的波斯大食商人總數達數千（通鑑二百二十一，新唐書鄧景山與田神功傳）據此似亦可推知廣州的情形。據 Abou-Zeyd 所記，當西曆八百七十八年黃巢 Banschoua 圍攻廣府時，居留在廣府的及從事於商業的回教徒；猶太教徒、拜火教徒被其殺死的有十二萬人（Reynaud, Rlation, I. 65）。在此地有如此多的外國人，其主要者卻多爲回教徒。他們居留於此通商於此，因此迫於自然的需要，乃有設置首領之事，以裁判其教徒間的爭議。此首領據 Soleyman 所記，是一回教徒即大食人而由中國政府任命者（Relation, I. 13）。我們在國史補所看到的「有蕃長爲主領」，所謂蕃長，即指上述之首領。後世的領事制度與治外法權制度已萌芽於此。

實際上外人中占主要份子的大食人因通商於廣州，遂至久居其地，無疑自唐代已如此。如禮拜堂 Mosque 這類的建築物，似乎在當時也已經建築起來了。據 Soleyman 所記，回教徒的首領有裁判其教徒間爭議之權，同時亦可想像其有督率教徒奉行祈禱的義務。又宋岳珂桯史（卷十一）番禺海獠的記事，人常引用其爲宋時廣州有回人居住之證，其中所謂「窣堵波」即回教寺院中普通的 Minaret（光塔），桑原博士對此雖持反對論（史學雜誌第二十七編第五號五六六，）惟在宋方信孺的南海百詠中亦有題爲番塔者，其序曰：

「始於唐時曰懷聖塔。輪囷直上，凡六百十五丈，絕無等級。其穎標一金雞，隨風南北。每歲五六月，夷人率以五鼓登其絕頂，叫佛號，以祈風信。下有禮拜堂。」

其詩曰：

「半天縹緲認飛翬，一柱輪囷幾十圍。絕頂五更鈴共語，金雞風轉片帆歸。」

此詩之下方信孺又自注曰：「歷代沿革載懷聖將軍所建，故今稱懷聖塔。」考方信孺作南海百詠是在其任南海尉時，在開禧二年（西曆一二〇六）以前（吳蘭修南海百詠書後。）如此至遲在開禧二年時，此塔已有懷聖塔之名。因此在此回寺中有懷聖塔之名。而且當時既有「始於唐時」之說，又無其他反證，則至少我們相信在唐末廣州有回寺之說，似無不可。桑原博士所引明嚴從簡殊域周咨錄云：「今廣東懷聖寺前有番塔，創自唐時。」清仇池石羊城古鈔云：「懷聖寺在廣州府城內西二里，唐時番人所創。」可知其有所本。固然僅根據南海百詠即認懷聖塔爲唐代之建築物，其證據未免稍薄弱，然如桑原博士所云「據我所知道的範圍內，在唐宋時代的記錄中，未見有懷聖寺與懷聖塔之事。」（史學雜誌第二十七編第五號五六七）其實在南海百詠中曾傳其事，且謂本於歷代沿革一書（回人之所傳?）故桑原氏之說亦誤。

關於唐代在中國的海口與海上交通，我在「關於 Ibn 之 Khordadbeh Kantou」一論文中，已述其大略，當時海商有直遡大江至洞庭湖上甚至有更往來於最上流者。杜甫解悶十二首詩中有云：

「商胡離別下揚州，憶上西陵故驛樓。爲問淮南米貴賤，老夫乘興欲東遊。」

西陵卽南宋以後的西興，隔錢塘江遙對杭州，在往來杭越的運河口。此詩若是杜甫在夔州時所作，則當時胡商（卽外商）遡江而上已直達至今日之重慶地方。唐代在中國沿海阿剌伯人的通商範圍，若以 Ibn Rhordadbeh 所謂之 Rantou 爲安東，不然或至少是指山東以北的某海口，則略與後世相差無幾。

第二章　宋代海舶通商諸港口及在諸港口市舶司的廢置

據阿剌伯人的傳述，在唐代中國的海口有 Al-Wakin（交阯）、Kanfou（廣府）、Jamfou（揚府）、Cantu（安東）四處。其實日本與新羅等船舶，當時亦往來於福州明州松江與山東各港口了。惟市舶使的設置僅廣州一處，揚州似尚未成立。至五代泉州亦成爲通商海口。宋時設置市舶司或市舶務之處，計有廣州、泉州、明州、温州、杭州、秀州、江陰、密州八處，若設有市舶場的澉浦亦加入其內，則實際有九處。今將此九處港口的情形及其市舶司、市舶務、市舶場興廢的沿革略述於下：

廣州——宋代設立市舶司以廣州爲最先。宋會要(7)云：

「初於廣州置司，以知州爲使，通判爲判官，及轉運使掌其事。又遣京朝官、三班、內侍三人專領之。」

其年代是在太祖開寶四年（西曆九七一）南漢後主劉鋹降宋之時。宋會要云：

「太祖開寶四年六月，命同知廣州潘美尹崇珂並充市舶使，以駕部員外郎通判廣州謝處玭兼市舶判官。」

又宋史潘美傳云：

「擒鋹送京師露布以聞，卽日命美與尹崇珂同知廣州兼市舶使。」

同書尹崇珂傳云：

「克廣州擒劉鋹，卽日詔與潘美同知廣州兼市舶轉運等使。」

惟據宋史本紀，潘美之克廣州是在開寶四年二月，太祖之得劉鋹俘虜是在五月。我想潘美與尹崇珂同知廣州是在二月，而兼市舶使之事則如宋會要所云當在六月。

廣州的市舶使據宋會要：

「（太宗太平興國）二年，命著作佐郎李鵬舉充東南市舶使。」

的紀事，似乎仍舊是由知州兼領其事。惟據同書神宗熙寧七年條觀之，不無可疑之處，其文曰：

「七月十八日，詔廣南東路提舉司，劾廣州市易務勾當公事呂邈〇以擅入市舶司，拘欄蕃商物故也。十九日，詔廣州市舶司依舊存留，更不併歸市易務。」

據此在熙寧七年（西曆一〇七五）或熙寧七年以前，廣州市舶司曾經一度歸併於市易務似的，惟觀十八日又有市舶司，十九日有「依舊仍留」之詔，似乎歸併之事尚未實現。在宋史食貨志互市舶條：

「時廣州市舶虧歲課二十萬緡，或以爲市易司擾之，故海商不至，令提舉司究詰以聞。既而市易務呂邈入市舶司闌取蕃商物，詔提舉司劾之。」

亦可看出此中消息。市易務，猶云平準所，以「斂市不售貨之滯於民用者，乘時貿易，以平百物之直」爲宗旨。用政府的力量去從事於一般貨物的賣買，到了後來，現出種種的弊病。如廣東之市易務（據文獻通考卷二〇「熙寧八年置廣州市易司」，然市易務在其前已存在。）當時頗有侵佔市舶司範圍的現象，因此呂邈敢有擅自闖入市舶司占取其蕃貨的舉動。我想事實很明白，十九日的詔書，決不是欲將廣東市舶司歸併於市舶務，而是要想保存牠的存在。

神宗熙寧元豐年間，新法施行，官制改變，市舶使即改稱提舉市舶司或提舉市舶（或簡稱提舶（8））二廣兩浙皆由漕臣兼提舉，所謂提舉意猶云掌管。宋會要云：

「元豐三年八月二十七日，中書言，廣州市舶條已修定乞專委官推行。詔廣東以轉運（副）使孫迥，廣西以轉運使陳倩，兩浙以轉運副使周直孺，福建以轉運判官王子京，迥、直孺兼提舉推行，倩、子京兼覺察拘攔。其廣南東路安撫使更不帶市舶使。」

當時因廣州兩浙有市舶司，故由漕臣兼任提舉市舶司。廣西福建因無市舶司，惟沿海地方時有海舶往來，故命漕臣兼任「覺察拘攔」之職（9）（化州高州雷州欽州廉州及今海南島全部，當時皆屬廣西即廣南西路。）所謂覺察拘攔是有偵探查勘之意，沿海往來海舶若有未經市舶司之徵稅與收買，即將其貨物封堵，謂將報告附近市舶司。宋會要云：

「（徽宗）大觀元年三月十七日，詔廣南福建兩浙市舶，依舊復置提舉官。」

這很明顯在大觀元年（西曆一一〇七）已設有專任提舉官，惟從「復」字來說，則可想像在此之前至少已經有一度專任提舉官的存在，萍洲可談云：

「崇寧初，三路各置提舉市舶官。」

即其明證。文獻通考所引陳止齋之言亦云「崇寧置提舉，」則至崇寧初年，廣州與兩浙福建已開始有專任提舉官之設（續詳市舶官制條。）不消說，廣南市舶司是在廣州。其後宋會要與宋史職官志沒有說起關於廣南市舶專官罷廢的事情，只在玉海（卷一八六）中有云：建炎四年二月，「復置廣司。」「紹興二年七月甲子，廢閩司，八月併罷廣浙提舉官，已而閩廣復置。」李心傳建炎以來朝野雜記（卷一五）在年月方面雖有多少的異同，而在事實方面卻也同樣的說：

「（建炎）四年春，復置廣司。二月紹興三年秋，廢閩司。七月甲子尋併廣浙提舉官皆罷。七月已而閩廣復置。」（紹興三年為紹興二年之誤，證之宋會要，即可明白。）

據建炎四年二月「復置廣司」來看，則在此以前，廣州市舶司曾經有一度的停廢，事實甚明顯。玉海中雖未提及此事，而朝野雜記則明白的說：

「建炎初李伯純為相，省其事，歸轉運司。明年夏，復閩浙二司。……元年七月乙亥廢，二年五月丁未復」

據此在建炎元年三路市舶司皆歸併於轉運司，至建炎二年閩浙兩路市舶司復恢復原狀，至建炎四年廣南路市舶司亦恢復舊觀似的。不過我們於此又不無疑問，因據宋會要如下文浙江一項中所說建炎元年歸併於轉運司者只閩浙二路市舶司，廣南市舶司不包含在內。若說在紹興二年罷廣閩提舉官，則爲何卒讀宋會要全文而無由發見其事實呢？其實紹興二年是罷福建市舶提舉官，廣浙似無其事。此將於泉州一項中再詳論之。

當時與廣州市舶司有關聯的瓊州，一時亦有設置分司的計劃，宋會要云：

「（孝宗乾道）九年七月十二日，詔廣南路提舉市舶司申乞於瓊州置主管官指揮，更不施行。○先是提舉黃良心言，欲創置廣南路提舉市舶司主管官一員，專一覺察市舶之弊，幷催趕回舶押解，於瓊州置司。臣僚言，昔正元中，嶺南以舶船多往安南，欲差判官往安南收市，陸贄以謂示貪風於天下，其事遂寢。遣官收市猶不可，況設官以漁利乎！故有是命。」

押解猶言押送，押送由南蕃回來的商船使至廣州市舶司。此提議當時雖未見諸實行，而南來商船之假泊瓊州者卻甚多。宋樓鑰送萬耕道帥瓊管詩云：

「曉行不計幾多里，彼岸往往夕陽春。琉球大食更天表，舶交海上俱朝宗。勢須至此少休息，乘

風徑集番禺東，不然舶政不可爲。」（攻媿集卷三）

藉此亦可脫稅，此似爲黃良心的策略。瓊管卽瓊州，因宣和中改爲瓊管安撫都監，故攻媿集中稱此爲瓊管。本州官吏以此市舶稅充作地方政費之用。如諸蕃志海南瓊州條云：

「屬邑五：瓊山、澄邁、臨高、文昌、樂會，皆有市舶。於舶舟之中分三等，上等爲舶，中等爲包頭，下等名蜑船。至則津務申州，差官打量丈尺，有經册以格稅錢。本州官吏兵卒仰此以贍。」

所謂稅錢，猶如唐代之舶脚，惟與隸屬於中央之市舶司者不同，尤其與廣南市舶司似無關涉。

宋時海舶下碇處，在市舶亭下，宋朱彧萍洲可談卷二云：

「廣州自小海至溽洲七百里，溽洲有望舶巡檢司，謂之一望。稍北又有第二、第三望。過溽洲則滄溟矣。商舶去時，至溽洲少需以訣，然後解去，謂之放洋。還至溽洲，則相慶賀，寨兵有酒肉之饋，幷防護赴廣州。旣至，泊船市舶亭下，五洲巡檢司差兵監視，謂之編欄。凡舶至，帥漕與市舶監官莅閱其貨而征之，謂之抽解。」

據此則至少抽解卽課稅之事，似在市舶亭執行。至關於市舶亭的地點，據同書同卷云

「廣州市舶亭枕水有海山樓，正對五洲。其下謂之小海，中流方丈餘，船船取其水，貯以過海則不壞。逾此丈許，取者幷汲井水，皆不可貯，久則生蟲，不知此何理也。」（關於此水宋張端義貴耳集卷下亦有云：「市舶亭水爲番船必取，經年不臭不壞，他水不數日必敗。」）

又宋方信孺南海百詠，海山樓條下云：

「建於嘉祐中，今在市舶亭前，唐子西有登樓古詩。」

據此則可知海山樓與市舶亭在同一地方。宋王象之輿地紀勝（卷八九）記海山樓云：

「海山樓在城南，極目千里，爲登覽之勝。」

明一統志（卷七九）云：

「在府城鎭南門外，極目千里，百越之偉觀也。」

淸仇池石羊城古鈔亦有云：

「海山樓在鎭南門外，樓下卽市舶亭，宋嘉祐經略魏炎建。」

據上觀之，海山樓與市舶亭在鎭南門外無疑。又廣東通志（卷二一八）引明黃佐廣東通志云：

「明市舶提舉署在府城外西南一里，卽宋市舶亭海山樓故址。」

明姚虞嶺海輿地中亦謂在府城西南珠江北岸對海珠設有「市舶提舉司。」總之，此地在宋時爲海舶抽解之地，卽有所謂市舶務而無市舶司。王象之輿地紀勝（卷八九）市舶司條有云「[一]臺治在城中。」注達觀樓與九思堂皆曰「在市舶司。」達觀樓今已失傳，惟羊城古鈔（卷七）云有九思亭，「在府學尊經閣後番山上，宋乾道三年，經略周自強建。明景泰間重修，通志曰番山亭，今廢。」九思亭若卽爲九思堂，則至少可說在宋末市舶司似設在番山上。又明代市舶司一時亦有設在城內者，明一統志有云，廣東市舶提舉司「在府城內壽寧坊。」

在萍洲可談云，海山樓「正對五洲，其下謂之小海。」海舶停泊於市舶亭下，則有「五州巡檢司差兵監視，謂之編欄。」明時與市舶提舉司正面對峙者有海珠石，而無所謂五州之名。海珠石宋時謂之走珠石，南海百詠走珠石條云：

「舊傳有胡賈自異域負其國之鎭珠，逃至五羊。國人重載金寶，堅贖以歸，既至半道海上，珠復走還，徑入石下，終不可見。至今此石往往有夜光，發疑爲此珠之祥。」

水名曰珠水，石名曰海珠，此起於元明以後，珠海殆爲宋時之小海。與五洲相似者在明代懷遠驛對岸有五斗巡司（嶺海輿圖）五斗一名古斗村，王象之輿地紀勝（卷八九）引廣州記云：

「廣州東一百里有古斗村，自此出海，溟渺無際。」

明代亦略與此同，明一統志（卷七九）云：

「自此出海，浩淼無際，東連閩浙，南通島夷。」

惟輿地紀勝云在「州東一百里，」明一統志云在「城東八十里，」其中必有錯誤。淸時稱此曰五斗口，廣東海圖說有

「北略偏東，距省城二十餘里。」

之說，略與嶺南輿圖相符合，宋時的情形已與明代略相一致，五洲或作吾斗、古斗、五斗、在聲音上亦多少可以認出其類似處。

更萍洲可談云：

「廣州自小海至㵲洲七百里，有望舶巡檢司。」

相傳商船去時在此地訣別，還時亦至此互相慶賀。惟今已無此洲名，在我想擬是後世的海陵島。明代在此設有海陵巡司，曹學佺廣東名勝志有云「舊名羅洲，」羅與潙在聲音上有些相似，且據廣東海嶴說云，「東北距省城水道六百里，」則距省城的路程亦無大差。同書又記述該島的形勢云：

「海陵山在陽江廳南大海中青崎洋面，土名閘坡，羣山環拱，內為大灣，輪船可在此避風。自此西行至瓊州、有南北二道：北經硇洲，水淺多礁，大輪難行；南經木蘭頭，海道較深，有銅鑼羅斗諸沙，隱互海面，必須天氣澄澈，準望瞭然，方可行駛。若已逾午，卽在海陵收口，以待清晨過此。」

如前述在唐時已有許多外國人居留在廣州，至宋並有蕃坊之名。如萍洲可談（卷二）云：

「廣州蕃坊，海外諸國人聚居。」

蕃坊亦稱蕃巷，如宋陳善捫蝨新話（卷十五）云：

「製龍涎香者，無素馨花，多以茉莉代之。鄭德素侍其父漕廣中，能言廣中事，云素馨唯蕃巷種者尤香，恐亦別有法耳。龍涎以得蕃坊花為正。」

亦有名夷落蕃落者，其地址今已不明，惟岳珂桯史中記蒲姓之住址云，「其家歲益久，定居城中。」

其所云窣堵波，若說是南海百詠中所說之懷聖塔，卽後世懷聖寺中之光塔，則其地當在城內西部無疑。我想當時外國人中主要部份的阿剌伯人他們大槪以此塔爲中心而環聚於其附近。又據羊城古鈔（卷三）所說：

「廣州府學在內城文明門內。宋慶曆中，卽西城番市舊孔子廟爲之。熙寧間，數遷徙。紹聖三年，知廣州章楶徙於城東南番山下，卽今學也。」

似乎宋時西城並有番市的存在。特別在宋史外國傳大食國條有云：

「熙寧中，其使辛押陁羅進錢銀，助修廣州城，不許。」

這段事實是據宋會要(10)：

「神宗熙寧五年六月二十一日，詔大食勿巡國進奉使(11)辛押陁羅辭歸蕃，特賜白馬一疋，鞍轡一副。所乞統察蕃長公事，令廣州相度，其進助修廣州城銀，不許。」

當時修理的區域是在廣州西城，是出於程師孟的主意（見輿地紀勝、明一統志卷七九、廣東名勝志卷一）所以要請辛押陁羅援助修契者，蓋當時大食人聚居在西城故有此舉。又輿地紀勝（卷八九）來遠驛條引繫年錄云：

「紹興六年十月戊午，改廣州奉眞觀爲來遠驛，以備招徠諸國貢使。」

關於奉眞觀的歷史，羊城古鈔（卷三）有云：

「在古藥洲蓮池上。宋經略陳峴建奉五仙。明洪武三年，改觀爲市舶公館。五仙移祀坡山。」

又關於藥洲的歷史同書（卷七）又云：

「一名石州，在城內古甕城西，今提學署中卽其遺跡也。」

在宋代南海百詠中亦有云：

「在子城之西址，漕臺之北界。舊居水中積石如林。今西偏壅塞，水尙瀦其東幾百餘丈。穴城導於海，綠淨如染。」

據此則知藥洲之在子城卽甕城之西，可無疑。南海百詠又說明三城云：

「子城與東西二城也。子城乃慶曆四年魏公瓘以得古磚有委於鬼工之字遂築之。後儂智高來寇，望城堅，不得逞而去。東城乃熙寧初呂居簡（所）請轉運使王靖所築。西城則程師孟經始於熙寧四年。」

據此熙寧以前子城在西址，藥洲在熙寧四年以後歸入西城內。由此可知宋時的狀態與明代大不相同，宋時蕃巷無疑是在西城。至闊擴城基延長至珠江沿岸，則始於明代。又蔡襄忠惠集（卷四十）張公（晶之）墓誌銘述其在廣南東路轉運使時之治績云：

「城中濠與海道惡少年暮夜乘潮汐苞藏奇貨重物，不肯輸官，前有欲爲水柵以制之者，卒中毒死，事遂寢。公治材他所，一日移置濠上，水柵立成，貨利稍稍入官。」

此濠當與上引南海百詠所云「穴城導於海」相同，即從海舶下碇之市舶亭沿水路至藥洲而可達於來遠驛。或以爲宋時蕃坊在今廣東省城之南，珠江北岸，這似乎離事實稍遠。

蕃坊有蕃長管轄蕃人，並處理其公務，略如後世之領事官，且帶有幾分治外法權，其性質與唐時無異。萍洲可談云：

「廣州蕃坊海外諸國人聚居，置蕃長一人，管勾蕃坊公事，專切招邀蕃商人（入？）貢，用蕃官爲之。巾袍履笏如華人。蕃人有罪，詣廣州鞫實，送蕃坊行遣，縛之木梯上，以藤杖撻之，自踵至頂每藤杖三下，折大杖一下。蓋蕃人不衣褌袴，喜地坐，以杖臀爲苦，反不畏杖背徒以上罪，則廣州決斷。」

關於蕃長方面的記述，前引神宗熙寧五年六月二十一日詔云：

「大食勿巡國進奉使辛押陁羅辭歸蕃，特賜白馬一疋，鞍轡一副。所乞統察蕃長司公事，令廣州相度。」

又宋會要云：

「（同）六年六月五日，大食陁婆離慈進奏，都蕃首保順郎將蒲陁婆離慈表男麻勿將貢物乞賜將軍之名，仍請以麻勿自代，詔蒲麻勿與郎將，餘不行。」

統察蕃長司公事與都蕃長之間有何差異，今雖不得而知，但均由中央政府任命則無疑。蕃人的處罰，據萍洲可談說「詣廣州鞫實，送蕃坊行遣。」則審問罪犯，決定罪之有無者是中國官吏，至刑之執行則在蕃坊。所謂行遣卽刑事執行之意。執行刑事時，似乎往往以在臀部打一大杖代打背部三藤杖。宋史王渙之傳云：

「崇寧初，……復徙廣州。蕃客殺奴，市舶使据舊比，止送其長杖笞。渙之不可，論如法。」

據舊比即按舊例送其長即送其蕃長令在蕃坊杖笞。又宋史張晶之傳云：

「徙廣南東路轉運使。夷人有犯，其酋長得自治，而多慘酷，請一以漢法從事。」

蔡襄忠惠集卷四十張公（晶之）墓誌銘云：

「移廣南東路轉運使，廣之夷落有罪，任其酋以夷刑，夷刑慘酷，公請以律令論。」

此與萍洲可談上所說初看似不相同，其實他們不過只在說明行刑的狀態打背部三藤杖代以打臀部一大杖，視爲甚殘酷之刑。

蕃客之富饒，自唐以來久爲人所羨慕，至宋而益盛。岳珂所舉廣州蒲姓之驕奢，卽其一例。不過他們對於當時市舶官吏的持有相當禮節。宋史蘇緘傳云：

「調廣州南海主簿，州領蕃舶，每商至，則擇官閱實其貲，商皆豪家大性，習以客禮見主者。緘以選往，商樊氏輒升階就席，緘詰而杖之。樊訴於州，召責緘。緘曰，主簿雖卑，邑官也，商雖富，部民也，邑官杖部民，有何不可？州不能詰。」

這還是在熙寧以前知州兼領市舶使時代的事情。所謂樊氏這人似爲內地商人，其實據上「州領蕃舶」之言，則樊氏殆爲一蕃客。

又與廣州居留的外國人有聯帶關係的，在宋時有記錄可考者，尙有蕃人塚一事。南海百詠蕃人塚詩序云：

「在城西十里，纍纍數千，皆南首西向。」

其詩曰：

「鯨波僅免葬吞舟，狐死猶能效首邱。目斷蒼茫三萬里，千金雖在此生休。」

此與羊城古鈔所見之回回墳不同。所云：

「在廣城北門外。」

「舊志唐開海舶，西域回教默德那國王謨罕驀德遣其母舅番僧蘇哈白賽來中土貿易，建光塔及懷聖寺，寺塔告成，尋歿，遂葬於此。」

此墳現尙存在。惟南海百詠中所說的蕃塚今已不可知了。（羊城古鈔所記之蘇哈白賽爲明一統志卷九〇默德那 Medina 條中撒哈八撒阿的斡葛思 Sahhab Saad Wakkass 的略寫。這種傳說元不足置信，不過如前述據南海百詠在宋時已有懷聖塔爲唐代建築的傳說。）

對於居住在廣州的蕃客更有足記述者尙有番學。宋蔡絛鐵圍山叢談（卷二）云：

「大觀政和之間天下大治四夷嚮風，廣州泉南請建番學。」

不過有一本書只云。「廣南請建番學，」這對於廣州之設有番學是確實的，惟泉州有否番學的設施是一疑問。又蕃人向學不一定是從大觀政和年間起的，比此之前早已有了。當程師孟知廣州時，卽有這樣的傳述：

「大修學校日引諸生講解負笈而來者甚衆，諸番子弟皆願入學。」（輿地紀勝）

此爲神宗熙寧末年之事。

兩浙——據宋會要宋代市舶司之設置最初是廣州，其後「又於杭州置司。淳化中，徙置於明州定海縣。命監察御史(12)張肅主之。明年，肅上言非便，復於杭州置司。咸平中，又命杭州各置司，聽蕃客從便。若舶至明州定海縣，監官封船搭堵迓州。」（搭堵爲搭堵之譌，意如拘欄同。封船搭堵亦叫封堵。）

杭州市舶司始於何年？卻無說明。宋史卷一八六食貨志互市舶法條，與玉海卷一八六等書亦均沒有說出年代。若據宋會要：

「端拱二年五月，詔自今商旅出海外蕃國販易者，須於兩浙市舶司陳牒，請官給劵以行，違者沒入其寶貨。」（宋史食貨志僅舉其事而不說明年月。）

來看，則在端拱二年（西曆九八九）杭州已有兩浙市舶司之設，事甚顯然。以廣州之例推之，或者在太平興國三年（西曆九七八）吳越納土的一年就設司了罷。不過據宋史本紀太宗雍熙二年（西曆九八五）九月己巳有「禁海賈」之令，則至少內地商船往海外貿易在禁止之例，因此至端拱二年解放此禁令之後，卽在杭州設置市舶司，命往海外貿易者於此陳牒，請官給劵亦未可知。由此觀之，以端拱二年爲兩浙創設市舶司的年代，或者庶幾近於事實罷。

又宋會要云：

「淳化中，徙置於明州定海縣，命監察御史張肅主之。明年，肅上言非便，復於杭州置司。」

在淳化何年又沒有說出。宋史玉海亦然。只在乾道臨安志（卷二）中有云：

「提舉市舶衙，舊在城中。淳化三年四月庚午，移杭州市舶司於明州定海縣，以監察史張肅領之。」

輿地紀勝（卷二）亦云：

「淳化三年，移杭州市舶司於明州定海縣。」

據此由杭州移至明州定海縣是在淳化三年（西曆九九二），明年卽淳化四年，復將明州之市舶司移至杭州。玉海亦有云，「明年復置杭。」此地所謂明州卽今日之寧波，定海卽今日之寧海縣。宋會要又云：

「咸平中又命杭州各置司，聽蕃客從便。」

又云：

「眞宗咸平二年九月，兩浙轉運使王渭言，奉勅相度杭明州市舶司，乞只就杭州一處抽解。詔杭州各置市舶司，仍取蕃官隱便。」

這裏所說「命杭州各置司，」「詔杭州各置市舶司」之「杭」字下疑脫落一「明」字，觀下文「各」字亦可察知又證之宋史食貨志「又於杭明置司，」玉海「咸平中，杭明各置司」文獻通考「咸平二年九月庚子令杭州明州各置市舶，聽蕃官從便」則更顯而明。據此，杭州明州各設司是在咸平二年（西曆九九九。）（可是據寶慶四明志所說「浙務初置杭州，淳化元年，徙明州。踰六年復故咸平二年，杭明各置務。」多與其他各書不相一致。惟當宋初年只有司的名稱而無務的名稱，故今不取其說。）

杭州明州的市舶司至神宗熙寧九年（西曆一〇七九）似有罷廢的意思，宋會要云：

「熙寧九年正月二日，中書門下言給事中集賢殿修撰程師孟乞罷杭州明州市舶司，只就廣州一處抽解，欲令師孟赴三司同共詳議利害以聞。三司言令與師孟同共詳議廣明州市舶利害，先次刪立抽解條約，詔恐逐州有未盡未便事件，令更取索重詳定施行。」

宋史食貨志云：

「九年，集賢殿修撰程師孟請罷杭明州市舶，諸舶皆隸廣州一司，令師孟與三司詳議之。」

可是都沒有說出其結果似乎徒有議論而未見諸實行。依前廣州一條所引元豐三年兩浙市舶是由漕臣兼提舉。據宋會要：

「徽宗崇寧元年七月十一日，詔杭州明州市舶司，依舊復置，所有監官、專庫、手分等，依逐處舊額。」

至崇寧元年（西曆一一〇二）始恢復舊制。又據上述至大觀元年，兩浙與廣南福建同置提舉官。

又宋會要云：

「徽宗大觀三年七月二日，詔罷兩浙路提舉市舶官，令提舉常平官兼專切提舉，通判管勾。」（在兩浙下疑脫落福建二字。）「政和二年五月二十四日，詔兩浙福建路依舊復置市舶。〇從福建路提點刑獄邵濤請也。」

據前條可知所廢罷的只有市舶官市舶的事務歸提舉常平兼攝。提舉市舶官的廢罷年代，自大觀三年（西曆一一〇九）至政和二年（西曆一一一二）不過三年的期間。我們在此地有稍可注意之事，即前述兩浙市舶司的廢罷是在熙寧九年，即王安石罷相的一年，其離漕司獨立恢復舊制是在崇寧元年卽元祐元符黨人入籍的一年，又提舉市舶官的歸併是在大觀三年，卽蔡京罷相的一年，其復舊在政和二年，卽蔡京復被召的一年，可見當時市舶司、提舉市舶官的廢置頗受當時中央政情的影響。

南宋初，兩浙市舶司與福建市舶司同歸併於轉運使一次，但不久就恢復舊狀。卽宋會要云：

「高宗建炎元年六月十四日，詔兩浙福建提舉市舶司併歸轉運司，令逐司將見在錢穀器皿等拘收，具數申尙書省。」

又云：

「二年五月二十四日，詔依舊復置兩浙福建提舉市舶。○尙書省言，併廢以來，土人不便，虧失數多，故復置之。」

這也可以看作是一時推翻元祐政治家復舊政策的復興運動。可是其實也因為事實上的不便，無可如何。據前玉海與朝炎雜記所說，建炎元年廣南市舶司與兩浙福建二路市舶司皆被廢罷，惟上述宋會要所說只說二路轉運司的歸併，沒有說起廣南。特別是輿地紀勝（卷八九）所引之中興小歷云：

「建炎詔兩浙福建市舶歸轉運司，而廣南如故。」

據此更明白可證明廣南市舶司無歸併之事。

自此之後，徽宗政和三年（西曆一一一三）秀州華亭縣設市舶務，置專任監官，後以青龍江浦堙塞，罷專任監官，改由縣官兼攝其事。宣和元年（西曆一一一九）因青龍江浦開通，復仍舊設專任監官一人。宋會要云：

「宣和元年八月四日，（提舉兩浙路市舶張苑）又奏，政和三年七月二十四日聖旨，於秀州華亭縣興置市舶務，抽解博買，專置監官一員。後來因青龍江浦堙塞，少有蕃商舶船前來，續承朝旨，罷去正官，令本縣官兼監。今因開修青龍江浦通快，蕃商舶船輻湊住泊，雖是知縣兼監，其華亭縣係繁難去處，欲去（乞？）依舊置監官一員管幹，乞從本司奏辟，從之。」

宋史食貨志約其文曰：

「宣和元年，秀州開修青龍江浦，舶船輻輳，請復置監官。先是政和中，置務設官於華亭縣，後江浦堙塞，蕃舶鮮至，止令縣官兼掌，至是復設官專領。」

建炎四年欲將華亭市舶務移至通惠鎭，卒以未實行而止。宋會要云：

「（建炎四年）十月十四日，提舉兩浙市舶劉無極言，近准戶部符仰從長相度，將秀州華亭縣市舶務移就通惠鎭，具經久可行事狀，保明申請施行。今相度欲且存華亭縣市舶務，卻乞令通惠鎭稅務監官招邀舶船到岸，卽依市舶法就本鎭抽解。每月於市舶務輪差專秤一名，前去主管，候將來見得通惠鎭商賈免般剝之勞，往來通快，物貨興盛，卽將華亭市舶務移就本鎭置立。詔依。」

至高宗紹興二年（西曆一一三二），兩浙市舶司遂移置於華亭縣。⒀宋會要云：

「三月三日詔兩浙提舉市舶移就秀州華亭縣置司，官屬供給，令秀州應副。」

秀州宋時領嘉興、華亭、海鹽、崇德（今石門）四縣，屬兩浙路，華亭縣卽今松江府治所在之地。其時青龍江浦有青龍鎭。自明以來置青龍縣。青龍鎭在宋時亦爲船舶輻輳之地。輿地紀勝（卷二）有云：

「去華亭縣五十里居松江之陰海商輻湊之所。」

靑龍鎭亦有通惠鎭之稱，至元嘉禾志云：

「政和間改曰通惠，高宗朝復爲靑龍。」

我想此地設置市舶務當在紹興二年兩浙市舶司移於華亭之時。

溫州市舶務起於何時不明。但在紹興元年（西曆一一三一）以前則可無疑。因據紹興三年兩浙提舉市舶司奏文所說：

「臨安府、明、溫州、秀州、華亭及靑龍近日塲務。」

在紹興元年兩浙路諸州府市舶務有五處（宋會要。）至紹興十五年（西曆一一四六）更於江陰軍設置市舶務。宋會要云：

「十五年十二月十八日，詔江陰軍依溫州例置市舶務，以見任官一員兼管從本路提舉市舶司請也。」

因此所以在秀州華亭縣有兩浙提舉市舶司之設，以統轄臨安府（杭州）、明州、溫州、秀州、江陰軍五務。

兩浙路提舉市舶司後來沒有繼續，自孝宗乾道二年（西曆一一六六）停廢後一直到宋滅亡時止沒有復興。宋會要云：

「（乾道二年）六月三日，詔罷兩浙路提舉市舶司。所有逐處抽解職事，委知通知縣監官同行檢視，而總其數令（令？）轉運司提督。○先是臣寮言，兩浙路惟臨安府、明州、秀州、溫州、江陰軍五處有市舶。祖宗舊制，有市舶處知州兼提舉市舶務，通判帶主管，知縣帶監，而逐務又各有監官。市舶置司，乃在華亭。近年遇明州舶船到，提舉官者帶一司公吏留明州數月，名爲抽解，其實搔擾。餘州瘠薄處，終任不到，可謂素餐。今福建廣南路皆有市舶司，物貨浩瀚，置官提舉，誠當所宜。惟是兩浙路置官，委是冗蠹，乞賜廢罷，故有是命。」

當時市舶司雖停廢，可是杭州、明州、溫州、秀州、江陰軍五市舶務似仍留存歸轉運使提督。惟此五市舶務中外國海舶的往來實際上又彷彿只集中在明州一處。宋會要云：

「（乾道）三年四月三日，姜詵言明州市舶務每歲夏汛，高麗日本外國舶船到來，依例提舉市舶官於四月初親去檢察，抽解金珠等起發上件。今來撥隸轉運司提潡，欲選差本司屬官一員前去從之。」

在此處卽只說明州而沒有說起其他四處。此四處的停廢年代，據宋羅濬等寶慶四明志（卷六）云：

「光宗皇帝嗣服之初，禁賈舶至澉浦則杭務廢。寧宗皇帝更化之後，禁賈舶泊江陰及温、秀州，則三郡之務又廢。凡中國之賈高麗，與日本諸蕃之至中國者，惟慶元得受而遣焉。」

則杭州市舶務是在光宗紹熙元年（一一九〇）時停廢，江陰軍、温州、秀州市舶務是在寧宗慶元元年（一一九五）不久之後時停廢。所存留者只慶元卽明州一處而已。

杭州初置市舶司的地點在何處？無從考證。對於高宗建炎二年六月十八日兩浙路提舉市舶吳說的劄子：

「契勘本司廨宇，舊在杭州，已經燒毁。伏見杭州神霄宮依昨降朝旨廢罷，見今空閑，欲乞踏逐一位子，量以本司頭子錢修葺，安着一行官吏。」

據宋會要所說：

「詔依，仍不得過四十間。」

當時有移入神霄宮址之事甚明，所謂頭子錢(14)是指在正稅之外，每貫加徵若干以供官府雜用之稅，（踏逐一位子量一句不明。）至紹興二年，市舶司移置華亭之後，此地只存一市舶務。務的所在地點，已述於前，茲不再贅。又明州市舶務的地址，據寶慶四明志卷三云：

「淳化元年，初置定海縣，後乃移州，在於城東南，其左倚羅城。嘉定十三年火，通判王挺重建，久而圮。寶慶三年，守胡榘捐楮劵萬三千二百八十八緡有奇，屬通判蔡範撤新之。（中略）門之外瀕江有來遠亭，乾道間，守趙伯圭建。慶元六年，通判趙師嵒修。寶慶二年，蔡範重建，更名來安。賈舶至檢覈於此。（中略）務之前門與靈橋門近，紹定元年正月火，自務之西北延燎於南務，獨免，而前門燬，二月重建。」

又元袁桷等延祐四明志卷八云：

「市舶庫在錄事司東南隅靈橋門裏，宋舊市舶務。」

據此卽可知明州市舶司所在地點。

據明代人的傳說，宋時在今日之上海已設有市舶。在明一統志上關於上海的註釋雖只說：

「本華亭縣地，居海之上洋，舊曰華亭海。宋時商販積聚，曰上海市。元至元中置上海縣。」

而曹學佺松江府志勝則云：

「初華亭有地曰華亭海，居海之上洋，人煙浩穰，商船輻輳，遂成大市。宋卽其地，立市舶提舉司及榷貨場，曰上海鎭。」

上海在宋時是否稱華亭海？是一疑問，更何有市舶司之設。紹興二年兩浙市舶司移設華亭時，宋會要明白的說：

「就秀州華亭縣置司。」

無華亭海之名。據前所引紹興三年兩浙提舉市舶司的奏文所云「秀州華亭及青龍近日場務。」在華亭縣之外青龍鎭又有場或務的設置固無疑，而至孝宗乾道二年六月三日兩浙市舶司廢止爲止，市舶司之在華亭不在華亭海亦無疑。故當時臣僚亦有云：「市舶置司在華亭。」建炎四年華

亭船務欲移至通惠鎭，其事沒有實現，不過其後又有

「令通惠鎭稅務監官招邀舶船到岸，卽依市舶法就本鎭抽解。每月於市舶務輪差專秤一名，前去主管。」

之事實，這不消說是在建炎四年以後所設的市舶務，其地點在通惠鎭，非上海鎭，此於上引宋會要所述，已可明白。且通惠鎭卽青龍鎭已明白，則宋時上海無市舶分司可知。

又如前引寶慶四明志云：

「光宗皇帝嗣復之初，禁賈舶至澉浦則杭務廢。」

則在光宗卽位以前，杭州市舶務的課稅商船大概是在澉浦下碇。惟據宋常棠澉水志所說：

「市舶場在鎭東海岸，淳祐六年，創市舶官，十年置場。」

則光宗初年（西曆一一九〇）的禁令不久卽廢弛，理宗淳祐六年（西曆一二四六）卽在其地設置市舶官，十年置市舶場從事抽解似的。元姚相壽樂郊私語云：

「澉浦市舶司前代不設，宋嘉定間，置有騎都尉，監本鎭及鮑郎鹽課耳。」

據此則此市舶場的規模不過小小的。

本來兩浙路港灣比較多，在城鎮以外也設置司務，是為海船出入一時的方便方法。宋會要云：

「（政和）七年七月十八日，提舉兩浙路市舶張苑奏，欲乞鎮江平江府，如有蕃舶願將舶貨投入官，即令稅務監官依市舶法博買，內上供之物，依條附綱起發。不堪上供物貨，關提刑司選官作賣從之。」

由此可知鎮江軍平江府亦時有蕃舶往來，鎮江軍約相當於今日之鎮江府，平江府約相當於今日之蘇州府。關是公文的一種，亦稱關會，猶言照會。

宋會要及宋史食貨志略舉往來於廣州、杭州、明州通商的各國云：

「凡大食、古邏、闍婆、占城、勃泥、麻逸、三佛齊、賓同朧、沙里亭、丹流眉，幷通貨易。」

大食（Arals）闍婆（Java）占城（Champa）勃泥（Brunei）麻逸（Mait, philippine）三佛齊（Sriboja, Sumatra 東北岸）賓同朧（panduranga, phanrang）已無須加以說明。古邏在諸蕃志中亦有此名，惟尙無定說。沙里亭卽 Salat，在今之 Singapore 附近。丹流眉據 pelliot 說為

Dharmaraja 的對音，爲今之 Ligor 地方。凡此等皆通商於廣州，所謂南蕃諸國。其往來於兩浙尤其往來於明州通商有記載可考者，有占城、闍婆、眞里富（據宋會要宋史寶慶四明志）等。眞理富爲 Sien-reap 的對音，卽眞臘（Kamboja, Camboge）。其他通商各國也不少，主要者有日本高麗（與高麗通商，在宋初期嚴禁，至元豐以後纔公許）。通鑑卷二五〇望海鎭胡三省注云：

「在明州界，今定海縣卽其地。元和十四年浙東觀察使薛戎奏，望海鎭去明州七十餘里，俯臨大海，與新羅日本諸蕃接界。」

因此唐人信以爲望海鎭卽定海縣（今鎭海縣）與新羅日本最接近。這元是交通頻繁的結果。在宋時也以明州與日本高麗並提。宋張津等乾道四明圖經卷一云：

「南則閩廣，東則倭人，北則高句麗，商舶往來，物貨豐衍，東出定海，有蛟門虎蹲天設之險，亦東南之要會也。」

寶慶四明志亦沿用此文。虎蹲山據明一統志，在定海縣東五里，屹立海口。蛟門山在縣東四十里，一名嘉門山，出此卽爲大海洋。因有這樣的形勢，所以在元豐三年八月二十三日中書劄子節文中有這樣的規定：

「諸非廣州市舶司，輒發過南蕃綱舶船，非明州市舶司，而發過日本高麗者，以違制論，不以赦降去官原減」（東坡全集卷五八。）

此雖係專指內地舶船，且為一時的現象，然明州與日本高麗關係如何的密切可想而知了。寶慶四明志並特別列舉出高麗與日本的輸入物貨。我想兩浙市舶司所掌管的出入諸港的蕃舶，關於高麗日本的蕃舶不獨限於明州，其他如江陰亦有，宋袁燮絜齋集卷一七趙公（善待）墓誌銘云：

「高麗之至者初止艘，明年六七焉」

觀此可以推知其餘。

泉州——福州泉州各州蕃舶的往來在唐五代時已有。在宋初太宗太平興國初年亦有詔云：

「諸蕃國香藥寶貨至廣州、交趾、泉州、兩浙者，不得私相市易」（宋會要。）

同七年閏十二月詔云：

「今以下項香藥止禁榷，廣南漳泉等州舶船上」（同上。）

並列舉其香藥名稱。又仁宗天聖三年八月審刑院大理寺言：

「監察御史朱諫上言，福州遞年常有舶船三兩隻到鍾門海口，其郡縣官吏多使人將錢物金銀博買眞珠犀象香藥等。致公人百姓，接便博買，卻違禁寶貨不少」（同上。）

所謂鍾門海口，曹學佺福州府志福淸縣海壇山條有云：

「其間有蘇灣沙。……西抵鍾門，其嶼玲瓏如鍾。……其中井泉與潮候應，取水者集焉，亦船舶之都會也。半潮抵慈灣則長樂界。」

海壇、蘇灣、慈灣今尙保有其名稱，大約是在松下門海口。又神宗熙甯七年正月一日詔云：

「諸泉福緣海州，有南蕃海南物貨船到，幷取公據驗認。」（宋會要）

又前述元豐三年所修定市舶條約的推行，福建亦有命轉運判官王子京兼覺察拘攔之職。由此觀察，在熙寧五年以前，泉州似有請置市舶司之議，如宋史食貨志云：

「熙寧五年，詔發運使薛向曰，東南之利，舶商居其一，比言者請置司泉州，其創法講求之。」

因有這種關係，故至哲宗元祐二年（西曆一〇八七）泉州遂創立市舶司。

泉州設置市舶司的年代，見於宋會要者謂：

「哲宗元祐二年十月六日，詔泉州增置市舶。」

宋史食貨志所云：

「元祐三年，……乃置密州板橋市舶司，而前一年亦增置市舶司於泉州。」

與玉海（卷一八六）所云：

「元祐二年十月六日，增置於泉州。」

皆與宋會要同。惟宋史職官志有云：

「元祐初，詔福建路於泉州置司。」

王象之輿地紀勝（卷一三〇）文獻通考（卷六二）皆謂：

「哲宗卽位之二年，始詔泉州置市舶。」

則泉州之設置市舶司或者是在元祐元年，亦未可知。不過宋史職官志的材料，大部分是根據宋會要的，只要兩者一比較，就可一目瞭然。且所謂「元祐初，」不一定是指元祐元年。如宋史職官志中載「乾道初」據臣僚言廢兩浙提舉市舶司，而據宋會要則云乾道二年。文獻通考與輿地紀勝所謂「哲宗卽位之二年」，嚴密的說實際就是元祐元年。且宋會要與玉海皆明白寫出「元祐二年十月六日」的月日時期，我們寧可認文獻通考與輿地紀勝所說是誤筆較爲適當。

前說元豐三年以後，提舉市舶是由漕臣兼領，因此不消說，元祐二年所設置之泉州市舶司亦卽由福建轉運使兼領提舉。至大觀元年，泉州與廣南兩浙同置專任提舉官，三年與兩浙同時罷廢，歸提舉常平官兼攝，惟至政和二年又與兩浙同時恢復舊制，及至南宋高宗建炎元年，與兩浙又同歸併於轉運使，至二年纔又與兩浙恢復舊觀，凡此皆前已言之。據輿地紀勝（卷一三〇）來看：

「九朝通略云，崇寧二年，泉州復置市舶。建炎時政記云，建炎中興，詔罷福建市舶司，歸之轉運司。中心小歷云，建炎二年，復置福建市舶。」

建炎以後市舶司的廢置與他書無異，所云「崇寧二年，泉州復置市舶」，此可與萍洲可談所說「崇寧初，三路各置提舉市舶官」，互相發明，頗足資信（容後再詳）。然至紹興二年（西曆一一三二）福建市舶歸福建提刑司兼領。如宋會要云：

「（紹興二年）七月六日，福建路安撫轉運提舉司奏，准紹興二年四月十一日德音，勘會本路地狹民貧官吏猥衆，訪聞市舶只是泉州一處，舊來係守臣兼領，今既有提舉，設屬置吏，費耗祿廩，其利之所入，徒濟姦私，而公上所得無幾。仰本路帥臣監司同共相度，可與不可廢罷，條具聞奏。逐司今相度到，未置提舉官已前，只是本路轉運或提刑司官兼領，比置官後，所收課額元無漏落。兼每歲八月以後至六月以前，風信不順，卽無販蕃及海南回船到岸。其提舉司官吏，於上項月分，幷各端閑，委是可以廢還逐司。詔依，仍委本路提刑司兼領。」

其次又云：

「八月六日，詔市舶司廢罷。其本司銀器錢物並令起赴行在左藏庫送納，舊管人吏以入仕年月日先後，三分中存留一部。」

可是歸併於提刑司的事實，實際上並沒有實現，如宋會要下文云：

又云：

「九月二十五日，詔舊市舶司職事令福建提舉茶事兼領，前降令提刑司兼領指揮，更不施行。」

「十月四日，詔福建提舉茶事司權移住泉州就舊提舉市舶司置司，將今來兼管市舶司職務繫銜。」

關於此事據玉海云：

「紹興二年七月甲子，廢閩司。」

文獻通考云：

「紹興二年，廢福建提舉市舶，初令提刑兼領，旋委提舉茶事。」

輿地紀勝云：

「繫年錄云，紹興二年，罷福建市舶，令憲臣兼領。又云二年，詔福建市舶令提舉（茶事）兼領。十月，詔福建市舶仍移司泉州。」

朝野雜記云：

「紹興三年秋，廢閩司。七月甲子」

三年當爲二年之譌。又所謂憲臣卽謂提刑使。

我們在前面已經說過，朝野雜記之「（建炎）四年春，復置廣司，」玉海之「（建炎）四年二月，復置廣司，」皆不足信憑。文獻通考承其說「（建炎）四年春復置廣司。」且加以注釋云：

「尙書言，併廢以來，土人不便，虧失數多，於是詔依舊復置。」

這是很可笑的錯誤。蓋所云「尙書省言」是在建炎元年兩浙福建提舉市舶司歸併於轉運司，二年依舊復置兩浙福建路提舉市舶司之時，其文出自宋會要：

「二年五月二十四日，詔依舊復置兩浙福建提舉市舶司。○尙書省言，併廢以來，土人不便，虧失數多，故復置之。」

與廣司的廢置無絲毫關係。據朝野雜記玉海及前在廣州一項所述，紹興二年（雜記誤爲三年）廢閩司，八月並罷廣浙提舉官，旋閩廣又恢復舊制。所說紹興二年七月罷閩司是屬事實，惟八月並罷廣浙提舉官之說，宋會要無明文記載。我想玉海的著作者似只閱讀「八月六日，詔市舶司廢罷，其本司銀錢物」即單看到「市舶廢罷」四字，卽信以爲福建之外廣州兩浙的市舶司也一併廢罷。然此處所謂之市舶司是指福建市舶司，細察宋會要前後文意卽可明白。總之，朝野雜記玉海等所云之事，若無其他左證，殆不足置信。

如此，福建提舉市舶司紹興二年是歸提舉茶事司兼領，至十二年（西曆一一四二）又設提舉專官，如宋會要云：

「十二年十月二十八日，詔福建路提舉市舶令見任官專一提舉，其已差下替人，令疾速赴任，專一提舉茶事。」

輿地紀勝所引中興小歷：

「（紹興）十二年，茶事司歸建州，而提舉市舶以次復矣。」

亦同。建州卽建寧。宋會要並說明其理由云：

「福建路提舉市舶司，昨自紹興二年廢罷，遂令提舉茶事司兼領，就泉州置司。時朝廷措置福建臘茶，欲就行在置局給賣，於是通判臨安府呂斌言，乞將福建路茶事司依舊復歸建州，專一買發臘茶。而戶部言，今將提舉市舶司未廢併以前官吏，今（除？）量減孔目官手分各一名外，每月約支錢止三百九十貫，米止十七碩，比之茶事司見請錢米，其錢歲減二千四百六十貫，米減一百二十六碩，故有是詔。」

所謂臘茶即朝野雜記（甲集卷一四）所云：

「建茶歲產九十五萬觔，其爲團胯者號臘茶，久爲人所貴。」

之物。此後福建市舶司一直延長到孝宗末年止沒有變動，其後似亦無更動事件發生。

宋時海船輻湊之地，廣州之外，次多者是泉州。宋史杜純傳云：

「（上略）以蔭爲泉州司法參軍。泉有蕃舶之饒，雜貨山積，時官於州者，私與爲市，價十不償一，惟知州關詠與純無私買。」

此爲北宋時代的情形。至南宋泉州貿易益達於繁盛。孝宗乾道二年請廢兩浙市舶司臣僚之談話中亦有云：

「今福建廣南路皆有市舶司，物貨浩瀚，置官提舉，誠所當宜。」

當時往來此地貿易的船舶與廣州同，各國都有。宋趙彥衞雲麓漫鈔（卷五）云：

「福建市舶司常到諸國船舶：大食、嘉令、麻辣、新條、甘秠、三佛齊國，則有眞珠、象牙、犀角、腦子、乳香、沉香、煎香、珊瑚、琉璃、瑪瑙、玳瑁、龜筒、梔子香、薔薇水、龍涎等。眞臘亦名眞里富、三泊、緣洋、登流眉、西棚、羅斛、蒲甘國、則有金顏香等。渤泥國則有腦版。闍婆國多藥物。占城、目麗、木力千、賓達儂、胡麻巴洞、新洲國、則有夾煎。佛囉安、明豐達囉啼、達磨國、則有木香。波斯蘭、摩逸、三嶼、蒲哩嚊、白蒲邏國、則有吉貝布貝鈔。高麗國則有人參、銀、銅、水銀、綾布等物。大抵諸國產香略同。以上船舶候南風則回，惟高麗北風方回。凡乳香有揀香、餅香分三等 袋香分三等 榻香、黑榻水濕、黑榻纏末、如上諸國多不見史傳，惟市舶司有之。」

此書據其自傳是在南宋寧宗開禧二年（西曆一二〇六）爲新安郡守時完成。我們在此地不能將各國詳細的說明，只就其大略言之。大食三佛齊無待贅述，嘉令爲嶺外代答諸蕃志中的故臨(Kulam, Quilon) 嘉令麻辣即 Kulam-malé，新條之條爲拖字之譌，即諸蕃志中的新拖(Sunda)，甘秠爲諸蕃志中之監篦，鄭和海國之甘秠港(Kampei)。眞臘一名眞里富很足注意，不消說眞臘即 Kamboja，宋會要宋史等除眞臘之外更有眞里富，在諸蕃志以眞里富爲眞臘屬國之一，眞里富明明是 Sien-reap 的音譯，爲暹羅人稱 Kamboja 舊都 Angkor 之名。我們相信眞臘爲 Sien-reap 的對音，該書云「眞臘一名眞里富」想係事實。可是後世有以眞臘當作一國的總名，別在 Angkor 附近稱眞里富，彷彿如同眞臘的附屬國似的。三泊在嶺外代答與此書同，惟諸蕃志作三濼。泊與濼同義，即如梁山泊亦可稱梁山濼。不過在此地若爲外國地名的對音則殆以泊字爲正。元周達觀眞臘風土記有眞蒲，鄭和海國有占浦山，其地在今之 St. Jacques 附近，三泊約爲眞蒲、占浦之異字。綠洋諸蕃志作綠洋，或謂即今之 Liant。登流眉在嶺外代答宋史中皆可看到，已如前述，是 Ligor 即 Sri Dharmaraja，爲 Dharma 的對音。西棚爲 Suphan 的略稱，羅解爲 Suanlok (Suanka-lok) 的略稱，蒲甘即 pugan (Burma)，渤泥、闍婆、占城即 Brunei、Java、Champa。目麗諸蕃志作日麗，是占城的屬國，惟不明所在之地。木力千他書無之，或者是連接在上面作目麗木或日麗木，力千是力干之訛文，爲諸蕃志中占城屬國羅甘亦未可知。賓達儂即前所說之賓同隴 phanrang (panduranga)，胡麻巴洞當爲諸蕃志中占城屬國之烏馬拔羌，其所在地不明，新州即後世之新州港 Qui-nhon。佛囉安亦見於嶺外代答諸蕃志諸書，島夷志略作沙里佛里安，爲馬來半島上的一小國無疑，惟不明其所在之地。明豐諸蕃志作蓬豐，島夷志作彭坑，後世作彭亨，即今之 pahang。達囉啼與達摩不明，達囉啼或爲諸蕃志中加羅布的訛文亦未可知。波斯蘭在諸蕃志宋會要宋史中皆有其名，眞臘風土記作八厮里，可知道爲眞臘東南之地，惟據 Gerini 氏所說在 Chanthabon 無此地名，今姑闕之。麻逸是 Mait 的對音，三嶼在 Luzon 西北岸地方，蒲哩喚爲蒲哩嚕(polillo)的訛文，白蒲邇爲白蒲延 (Babuyan) 的訛文。此等名稱，在諸蕃志及島夷志略各書中皆可看到。若再加以高麗，則可知當時在中國所知道的各國差不多全都常到泉州貿易。

跟着海上交通的頻繁，外人之居留此地者也不少，尤其是大食人。岳珂桯史（卷十一）云：

「泉亦有海獠，曰尸羅國貲乙於蒲，近亦蕩析。」

此尸羅國據桑原博士說是 Silavi 的對音，爲 Silaf 人。（史學雜誌第二十七編第五號）又樓鑰玫瑰集（卷八十八）汪公（大猷）行狀中述其在乾道七年四月知泉州時之政績云：

「蕃商雜處民間，而舊法與郡人爭鬬，非至折傷，皆用其國俗，以牛贖罪，寖亦難制。公號於衆曰，安有中國而用夷俗者？苟至吾前，當依法治之，始有所憚，無敢鬬者。」

宋史汪大猷傳約其文曰：

「故事蕃商與人爭鬬，非折傷罪皆以牛贖。大猷曰，安有中國用夷俗者？苟在吾境，當用吾法。」

據此，泉州不獨有蕃商居留且亦如廣州通例似略有治外法權的形影。特別在朱文公集(卷九八)述傅公(自得)通判泉州時的廉潔政治有云：

「有賈胡建層樓於郡庠之前，士子以為病，言之郡。賈貲鉅萬，上下俱受賂，莫肯誰何。乃郡訴於部使者，請以屬公。使者為下其書。公曰，是化外人，法不當城居，立戒兵官，即日撤之，而後以當撤報，使者亦不說，然以公理直，不敢問也。」

當時蕃商已公然居留城外，且恃其資力之富饒，雜居於城內亦不少，並賄賂上下建層樓於郡庠即郡學之前。這層樓的地點或在郡學前，或在其附近，我相信這就是那有名的清淨寺。雖說「立戒兵官，即日撤之，」可是上下已經運動好了，不過稍改變其位置而已，故有今日清淨寺的地基。此清淨寺據萬曆四十年重修泉州府志所云：

「清淨寺在郡城通淮街北，府學之東，宋紹興間，回人茲喜魯丁自撤那威來泉所造。樓塔高敞，相傳爲文廟靑龍之左角，教以沐浴事天爲本，詳三山吳鑒記中。元至正間，寺壞，里人金阿里修之。」

若府學近傍在傅自得通判泉州以前已有回寺樓塔的存在，則在傅自得任內因賈胡建樓，士子當不爲有羣起而反對的舉動，由此可知在郡學近傍胡商建樓必是在傅自得通判任內開始的。又據傅公行狀傅自得之通判泉州是在「乾道初」年以前至淳熙十年秋八月年六十八而卒。淳熙十年如果是西曆一一八三年，則其出生是在西曆一一一六年，即政和六年。而據吳鑒淸淨寺記：

「宋紹興元年，有納只卜穆茲喜魯丁、自撤那威從商舶來泉，叛茲寺於泉州之南城。」

紹興元年是西曆一一三一年，恰當傅自得十六歲的時候。世豈有十六歲的通判嗎？由此可知於紹興年間剏建淸淨寺之說或有可取，而謂在紹興元年則不足信。何況是在眞宗時代呢！在(15)泉州蕃人的居留地元來當在城南江邊，惟據淸淨寺的位置來看，似乎已漸移至城內雜居。玫瑰集云：「蕃商雜居民間，」傅自得云：「是化外人法不當城居，」皆其明證。不當城居之法至傅自得時已成具文。

蕃商久居泉州之後，亦有以其富力資助地方財政者。宋葉適水心文集林公墓誌銘云：

「知泉州晉江縣，分造戰船，公曰負郭豈有羨錢耶？何忍斂百姓，將捨去，諸蕃義公之爲助其役，舟先就，而民不知。」

卽其一例。晉江縣爲泉州近郭之縣，所謂林公卽林湜，若他是在紹興庚辰（三十年）登進士第的話，則知晉江縣是在孝宗初年。又前引泉州府志卷四云：

「嘉定四年，守鄒應龍以賈胡簿錄之貲，請於朝，而大修之，城始固。」

據此修城之貲，亦由賈胡資助，因爲有這樣的關係，所以住在泉州的賈胡，尤其是大食人的勢力，漸漸鞏固了起來，遂至有蒲壽庚輩之出世。

當宋金采石之戰，蕃舶亦有參加的形迹，楊萬里誠齊文集卷一八海䲡賦有云：

「辛巳之秋，牙斯寇邊，……掠木縣估客之艓，登長年三老之舡，並進半濟，其氣已無江壖矣。」

辛巳是宋高宗紹興三十一年（西曆一一六一），爲金兵敗於采石，金主亮被弒在軍中的一年。「長年三老之舡」是指蜀船，「木縣作客之艓」是指蕃舶。這事實雖在長江，可是當時宋人可由招致南方福建的海船雜用在舟師中，或可由虜掠而得也未可知。要之，宋人采石之勝，所負於海船之力甚多。其中是否沒有蕃船雜在其中這疑問讀此賦「掠木縣估客之艓」之句，當亦不能不發生。不過在此地要注意牙斯二字雖爲兀朮之異字，然與此時入寇之事無關。

密州——哲宗元祐三年（西曆一〇八八）密州板橋鎭設置市舶司。其時恰在泉州設置市舶司的翌年。宋會要云

「三年三月十八日，密州板橋鎭置市舶司。」

即是。宋史食貨志與玉海亦均記出其年與年月。我們前曾說（史學雜誌第二十七編第十號）此地在仁宗初年即許其海上通商，及漸繁盛知密州范鍔奏欲設市舶司於此。如宋會要云：

「（神宗元豐）六年十一月十七日，密州范鍔言，欲於本州置市舶司，於板橋鎭置抽解務，籠賈人專利之權，歸於公上，其利有六：使商賈入粟塞下，以佐邊費，於本州請香藥雜物與免路稅，必有奔走應募者，一也；凡抽買犀角象牙乳香及諸寶貨每歲上供者，既無道塗勞費之役，又無舟行侵盜傾覆之弊，二也；抽解香藥雜物，每遭大禮，內可以助京師，外可以助京東河北數路賞

給之費，三也；商旅樂於負販，往來不絕，則京東河北數路郡縣稅額增倍，五也；海道既通，則諸蕃寶貨源源而來，上供必數倍於明廣，六也。有此六利，而官無橫費，難集之功，庶可必行而無疑。況本州及四縣常平庫錢不下數十萬緡，乞借爲官本，限五年撥還。詔都轉運使吳居厚悉意斟配，條析以聞。」

宋史食貨志亦略述之。又據宋會要，其後吳居厚云：

「其取予輕重之權，較然可見，於今無不可推行之理。……請自七年三月推行。」

已而又云：

「鍔所請置抽解務，如此則牽制明廣二州已成之法，非浙廣江淮數路公私之便。海道至南蕃極遠，登萊東北密邇遼人，雖立透漏法，勢自不可拘欄，而板橋又非商賈輻湊之地，恐不可施行。」

前後之言互相矛盾，因此在神宗時未實行而止。據宋史食貨志，至哲宗元祐三年范鍔等再言之，乃於密州板橋始置市舶司，宋史食貨並記其言。宋會要只說置司，而不記其言。此後關於密州市舶的事情，除前述揚龜山集陸愷墓誌銘外，別無所見。宋會要宋史玉海文獻通考等書亦不及一言。惟密州至宋末依然爲百貨輻湊之地則可據宋史李全傳證之無疑。

在山東方面的海口，通隋唐五代有登州萊州。當時密州不能與牠們相比。然至宋北方的唯一海口即在密州，不消說，此爲國勢所使然。因當時登州萊州之通商實際在禁止之例。如慶曆編勅云：

「客旅於海路商販者，不得往高麗新羅及登萊州界。」

嘉祐編勅又申此禁。熙寧編勅亦有云：

「卽乘船自海道入界河，及往北界高麗新羅幷登萊界商販者，各徒二年。」

至元豐三年八月二十三日雖解其禁，許至高麗通商，然至八年九月十七日勅文又云：

「諸商賈由海道販諸蕃，惟不得至大遼國及登萊州。」

元祐編勅云：

「或乘船自海道入界河，及往新羅登萊州界者，徒二年」（以上皆據東坡全集卷五八。）

這是因爲防慮本國內人民暗與遼通，故密州成爲宋國極北的海口，以代替唐時之登萊二州商業遂得一時之繁盛。然比之其他三路則遠甚。因此通例稱廣南福建兩浙市舶司爲三路市舶司，而此地除外。故萍州可談云：

「崇寧初，三路各置市舶官。」

而不及此地。實際上專任提舉官似乎始終沒有設置。因此兩浙福建廣南三路的連稱似在崇寧大觀前後，所謂三路市舶司之名見於公文者，在我們所知道的範圍內是始於高宗紹興二年正月二十六日的詔書（宋會要）。

第三章 市舶官制

有宋一代之市舶官制與市舶條例（當時稱爲市舶條約或市舶法）經過幾度的變革，且各路亦各不相同。紹興二十九年御史臺檢法官張闡所云：

「比者叨領舶司，僅及二載，切嘗求其利害之灼然者，無若法令之未修。何者？福建廣南各置務於一州，兩浙舶務及（乃？）分建於五所。三路市舶相去各數千里，初無一定之法，或本於一司之申請，而他司有不及知；或出於一時之建明，而異時有不可用。監官之或專或兼，人吏之或多或寡，待夷夏之商或同而或異，立賞刑之制，或重而或輕。以至住舶於非發舶之所，有禁有不禁；買物於非產物之地，有許有不許，若此之類，不可概舉，故官吏無所遵守，商賈莫知適從，姦吏侮（舞？）文，遠人被害，其爲患深。」（宋會要）

不特南宋如此。惟條制的因革與各路異同詳細的情形今有許多已無從考證，茲先述市舶官制的大要次再論市舶條例。

廣州初置市舶司時，宋會要云：

「以知州爲使通判爲判官及轉運司掌其事又遣京朝官、三班、內侍三人專領之。」

其後杭州明州置司時同書又云：

「其後三州知州領使如勸農之制，通判兼監，而罷判官之名每歲止（差）三班、內侍、專掌，轉運使亦總領其事。」

通判爲知州的副官，如廣州杭州等大州設有二人，判官猶云副官。由此可知在當初以知州兼市舶使爲市舶司之長，通判副之。任一路財賦之長的轉運使亦共掌其事，中央則派京朝官、三班、內侍三專任市舶官，直接董理其事。其後三州知州之兼領使猶如勸農制，知州漸失其市舶司長官之實，通判成爲監官，從事商船臨監之事，已非副貳性質。三班內侍如舊專任市舶職務，而轉運使則總領其事爲一路市舶之長官。所謂勸農制者，爲眞宗景德三年容納三司使丁謂等所請求而設置的制度：

「少卿監爲刺史，閤門使以上知州者，幷兼管內勸農事，及通判並兼勸農事，諸路轉運使副兼本路勸農使」（宋史卷一七三食貨志。）

因此知州、通判、使臣均稱「管勾市舶司，」其間似無何區別，宋會要云：

「景祐五年九月七日，太常少卿直昭文館任中師言臣在廣州奉勅管勾市舶司，使臣三人通判二人，亦是管勾市舶司，名銜幷同。勘會所使印，是市舶使字。乞自今少卿監以上知廣州幷兼市舶使入銜內外通判亦充市舶判官，或主轄市舶事管勾使臣幷申狀。○詔知州徐起兼市舶使，今後少卿監已上知州兼市舶使，餘不行。」

勘會猶云查覆申狀謂以公文申報上司此處所說謂通判、使臣以申狀形式行文知州之意。如此，在名義上知廣州者兼領市舶使通判使臣依舊兼「管勾市舶司，」事實上與前無異。因此宋史任中師傳所云：

「知廣州……兼市舶使，市舶置使自此始。」

爲此事之誤傳，不消說，市舶設使不是從任中師始。

宋制州所以設置通判，爲牽制知州的權限。然通判終究是外官性質，因此中央更派遣官員使專擔當市舶事務寓有中外相維之意。所謂「又遣京朝官、三班、內侍三人專領之。」「每歲止(差)三班、內侍專掌。」即爲此意。他們如何是直接擔當市舶實際事務，觀所云專領專掌等字亦可知。京朝官有時省稱京官。宋陸游老學菴筆記(卷八)云：

「唐自相輔以下，皆謂之京官，言官於京師也。其常參者，曰常參官，未常參者，曰未常參官。國初，以常參官預朝謁，故謂之升朝官。未預者曰京官。元豐官制行，以通直郞以上朝預宴坐，仍謂之升朝官。而按唐制去京官之名，凡條制及吏牘，止謂之承務郞以上，然俗猶謂之京官。」

通直郞爲正八品官，承務郞品官最下，爲從九品(文獻通考卷六十七)。惟此地所說之京朝官略與朝官同，爲中央品官的汎稱。宋會要云：

「(太宗太平興國)二年正月，命著作郞李鵬舉充廣南市舶使。」

又淳化中徙杭州市舶司至明州定海縣時所云「命監察御史張肅主之」，都不外所謂「遣京朝官、三班、內侍三人專領之」之京朝官。元來自罷止知州兼領市舶使之後，專任市舶使就沒有設置。著作佐郞與著作郞都是編修時政記，起居，纂日曆等官，爲正八品官，監察御史爲從七品官，都是升朝官。

所謂三班內侍，是說三班使臣與內侍。三班使臣之掌市舶者稱勾當市舶使臣，或略稱市舶使臣。宋代使用此等三班內侍與市舶略具同一旨趣者尙有雜買雜賣務與走馬承受等。據文獻通考雜買雜賣務條云：

「以京朝（官）及三班內侍三人監掌和市百物。」

此爲咸平之制。景德之制亦有：

「以內侍及三班二人監，後亦差文武朝官。」

又走馬承受條云：

「走馬承受諸路各一員。宋仁宗時置以三班使臣及內侍充隸經略安撫總管司。無事歲一奏，有邊警，則不時馳驛上聞。」

據上述，不消說三班內侍卽三班使臣與內侍，二者截然分立，非混同在一起。宋史職官志所說宣徽南北院使之職掌爲「總領內諸司及三班內侍之藉」亦可看到三班內侍的名稱（文獻通考卷五十八宣徽院條亦同。）玉海（卷一一七）載太宗雍熙四年置三班院，注曰「供奉官、殿直、承旨爲三班。」又云「先是小使臣隸宣徽院，至是別置。」據此則供奉官、殿直、承旨稱三班，充小使臣而差遣於外者稱三班使臣。惟據文獻通考所引實錄之言：

「淳化三年，詔置三班院，以崇儀副使蔚進掌之。先是供奉官守，悉隸宣徽院，至是別置三班院，以考殿最。自後多命近臣以主之。」

來看，於年代上有些不相符合。要之，內侍之掌市舶可以看作是唐制的遺規，而內侍三班使臣與雜買雜賣務之例相對照，則又可知內侍三班使臣與京朝官同爲市舶監官。卽對於通判之兼任監官，他們是專任監官。實際在宋初市舶司已有專任監官。徵之太宗至道元年六月詔：

「市舶監官及知州通判」（宋會要。）

殆無疑義。京朝官、三班使臣及內侍卽其專任市監官，後則專委三班使臣與內侍任其責。

三班使臣爲勾當市舶使臣，卽市舶使臣，與通判同擔當市舶司監官事務，已如上述。所謂監官意卽臨監之官，與市舶是直接的，其關係於市舶之興衰隆替不消說是極重大的。因此關於此通判與使臣的任命特別注意，在宋會要中常散見其事。如云：

「（眞宗）大中祥符九年九月十八日，太常少卿李應機言，廣州勾當市舶司使臣，自今後望委三司使副判官，或本路轉運使奏廉幹者充選，從之。」

市舶使臣的選任在此可以看出與三司使副使判官及本路轉運使都有關聯。三司謂鹽鐵、度支、戶部，在宋初掌管天下財政，至元豐官制實行後，三司歸併於戶部。同書又云：

「天禧四年六月，右諫議大夫李應機言，廣州通判係審官院差，緣兼市舶公事，望自今中書差，候得替日，如不虧遞年課額，特與改官，優加任使。其市舶使臣亦候得替，依押香藥臣綱使例，遷轉親民任使。○詔廣州通判，於京朝官中選累有人奏舉者，具名取旨，其市舶（使臣）依所請施行。」

審官院是屬於吏部。其欲請由中書省任命者，蓋爲正其體統起見。通判元先是由中書省除授，然因爲兼市舶公務，所以由京朝官任命的必要，至移歸審官院除授。所謂審官院，文獻通考（卷五二）謂：

「淳化四年，以考課京朝官院爲審官院。」而涑水記聞云，太宗患其中書權太重，向敏中時爲諫官，請分中書吏房置審院，刑房置審刑院。」

卽是及熙寧間以武選爲主所置之審官西院改爲審官東院，至元豐官制定後便爲吏部的尙書左選。不過李應機這次的請求似沒有接受而廣州通判因市舶的關係，依舊由京朝官選任似的。又所謂押香藥綱使臣是統領香藥綱運的使臣。宋史（卷一八五）食貨志香條云：

「陸路以三千斤，水路以一萬斤爲一綱。」

蓋所謂綱是有「分運」的意思，猶通俗所謂「組」，以若干車輛或船隻分載貨物結伴轉運稱爲綱運，又略之祇稱綱，因此遂以轉運貨物的定量稱爲綱。當時押香藥綱使臣在任三年到更代的時候有遷轉親民官之例。又宋會要云：

「（仁宗天聖）八年六月，詔廣州近年蕃舶罕至，自今三班院依揀走馬承受使臣例，選取三人，各曾有舉主三人已上者，具腳色姓名，供申樞密院。其差出使臣如在任終三年，委實廉愼別無公私過犯，仍令本路轉運使副保奏，當與酬奬。」

走馬承受前已有說明，腳色亦見於宋史選舉志，宋趙昇朝野類要（卷三武英殿聚珍版叢書本）

解之曰：

「初入仕，必具鄉貫戶頭三代名銜家口年齒出身履歷，若注授轉官，則又加舉主有無過犯。」

在此地以蕃舶來者少使臣的選任命當以嚴格舉行，其與市舶直接的關係如何可想而知了。

勾當市舶使臣卽市舶使臣之名，據上述是起於仁宗景祐五年九月七日任中師上言以後，在宋會要中可無此言。我想這或者是當神宗元豐三年市舶官制改革時一同廢棄了罷。不過在此地對於宋初的市舶官制有足注意者，當時從事於市舶之職者有三種官：一爲地方親民官，卽知州與通判；一爲總理一路財賦的轉運使；一爲由中央每年派遣來的三班內侍。知州雖兼市舶使，而其權則分散在轉運使與三班內侍，以專任市舶官的資格而與市舶最有直接關係者則爲三班內侍。因此元豐三年以後市舶司的長官歸轉運使兼領時，專任市舶官三班內侍雖被廢止，然自市舶脫離轉運使兼領後，專任提舉官卽成立了起來，這可以說就是牠的遺影。

神宗熙寧以前無「提舉市舶司」之名，凡市舶司之長皆稱市舶使。上述宋會要熙寧七年八月十八日的詔書中有廣南東路提舉司之名，以廣州市易勾當公事呂邈之擅入市舶司，命彈劾之。

可是在這裏單稱提舉司而不稱提舉市舶司，或者因市易爲提舉常平司所管理，故如此稱之亦未可知。因此我姑以元豐三年由轉運使兼領市舶司時爲有提舉市舶司官名之始。即上引宋會要中所述廣東以轉運使孫迥，兩浙以轉運副使周直孺兼提舉市舶司，推行當時制定市舶條約，爲初見此官名之始。由此市舶司離開知州通判之手而全歸轉運使兼領。文獻通考所謂：

「元豐中，始令轉運使兼提舉而州郡不復預矣。」

是也。

由轉運使兼提舉市舶司爲市舶官制上劃一大時期。據文獻通考（卷六二）云：

「後專置提舉，而轉運亦不復預矣。後盡罷提舉官，至大觀元年續置。」

在宋會要當大觀元年以前徽宗崇寧三年與四年時，亦有廣南提舉市舶司之名，據此，提舉市舶司的專官在大觀以前似可無疑曾設置過一次。況在宋會要中有言曰：

「大觀元年，廣南福建兩浙市舶依舊置提舉官。」

據此，上述萍洲可談（卷二）所云：

「崇寧初，三路各置提舉官，三方唯廣最盛。」

輿地紀勝所引九朝通略之言：

「崇寧二年，泉州復置市舶。」

文獻通考（卷二〇）所引陳止齋之言：

「崇寧置提舉。」

似皆不足置信。我想宋會要所云：

「徽宗崇寧元年七月十一日，詔杭州明州市舶司依舊復置。所有監官專庫手分等，依逐處舊額。」

雖不說及福建廣南，在當時此二路市舶司當亦與兩浙市舶同年或隔年恢復舊制，設置提舉市舶專官似的。此提舉市舶司廢於何時，各書雖無傳述，可是此提舉市舶司的廢置，與蔡京等政權的得失似有密切的關係。蔡京等的得政權是在崇寧元年，提舉市舶司或即在其同年或二年設置，蔡京等的失政權是在崇寧五年，提舉市舶司或即在其同年廢罷，至大觀元年時復得政權，提舉市舶司或又恢復了罷。由此提舉市舶司的設置專官年代，似在崇寧元年，在這一年可說是在市舶官制上劃一大時期。文獻通考所云「後專置提舉而轉運亦不復預矣」，即此之意。嗣後雖時有併廢現象發生，然大致關於市舶方面的事務是由提舉市舶司專管。以何種資格得充任此官職，雖亦因時而不同，惟觀紹興七年的規程，即可知其大概。如宋會要云：

「七年七月三日，三省言：紹興七年三月二十一日敕節文，監司、大蕃（藩）節鎮知州、差初任通判資序以上人，軍州事、軍監第二任知縣資序以上人，檢准紹興敕，諸稱監司謂轉運、提點刑獄，其提舉坑冶、鑄錢、茶鹽、市舶未有該載。詔提舉坑冶、鑄錢依監司，茶鹽、市舶依軍州事，已降指揮施行。」

據此提舉市舶司與提舉茶鹽司都以軍州事為準則，除第二任知縣資序以上人。

在市舶司以提舉市舶司為長，其下有監官、專庫、手分等名稱。監官如上述在宋初知州兼市舶使的時代已經存在，通判兼任監官之外，又有三班內侍專任其職務。至改為提舉市舶司的時候，仍有監官專任其事，或委知縣兼任。在宋初市舶有司而無務。即如兩浙當杭州明州二處設置市舶時亦都稱市舶司。可是後來因爲有統一上的必要，至有總攬一路市舶事務之處稱司，於其所屬各州的支司稱務或場。卽如廣南與福建以一路一市舶司之處，也在總攬市舶事務的稱司，在檢查課稅，出入於廣州或泉州的海舶的則稱爲務或場。如兩浙有五務之處，於其務概設有監官，在海舶出入不多的地方，或委知縣兼任監官之職。監官爲專司檢查與課稅海舶的官吏。宋會要云：

「若船至明州定海知縣監官封船搭堵送州。」

這還是知州兼市舶司時代的事實。同書又云：

「（紹興）十八年閏八月十七日，詔明州、秀州、華亭市舶務監官，除正官外，其添差官內，許從市市舶司，每務移差一員前去温州、江陰軍市舶務，專充監官，主管抽買舶貨收支錢物，仍與理爲本任。○從提舉市舶司周弈請也。」

專任監官也主管舶貨的抽買與錢物的支收等。又葉適水心文集（卷一八）蔣公（行簡）墓誌銘云：

「監明州市舶務，船至，卽日抽掣，親自評量，隨粗細立盡，老儈束手，蕃客跪公前，昂其首加手於額，拊地以謝，安信王歎曰，「天下安有如此好監官！」

此可視爲監官職務之實例。抽掣與抽解同，即征稅。當時分細貨粗貨以定抽解比率的差異。老僧謂牙儈之老練者，按通例政府命此輩參預抽解收買之事。至市舶使或提舉市舶司與專庫等職掌附說在下文市舶條例一項中。

第四章　市舶條例

市舶條例唐時已開其端，至宋而略備，及元更周(16)密。宋代的市舶條例因時地而不同，尙無一定。且其全文今已失傳，故欲有組織的說明事有所不能，茲分述其大概情形於下：

一、入口海舶運貨的檢查與輸入稅的徵收——萍洲可談（卷二）云：

「凡船至，帥漕與市舶監官莅閱其貨而征之，謂之抽解。以十分爲率，眞珠、龍腦，凡細色抽一分，瑇瑁、蘇木，凡粗色抽三分外，官市各有差。然後商人得爲己物。象牙重及三十斤，幷乳香，抽外盡官市，蓋榷貨也。」

這是說紹聖元符時候的情形。當時因爲是轉運使兼提舉市舶司，故帥漕即轉運使與市舶監官共臨檢其事。

當時舶貨的徵稅稱抽解。抽是抽分之義，即抽出幾分之幾之謂。收買舶貨幾分之幾亦稱抽買。

解是取義於解發中央之意。抽解本爲由抽取解發中央一轉而爲征稅之義。稅率大體爲十分之一。宋會要云：

「大抵海船至，十先征其一，其價直酌蕃貨輕重而差給之。」

宋史食貨志所載與此同。所說價值，謂舶貨收買的價值。萍洲可談云「官市各有差，」所謂官市，卽官買價值。不過這是大體的說法，文獻通考（卷二〇）市舶司條引陳止齋言述宋初置市舶司時的狀態云：

「是時市舶雖始置司，而不以爲利。淳化二年，始立抽解二分，然利殊薄。」

又宋初船貨無粗細之分，因此其稅率似無差別。元來稅率與收買率因時地而變遷，不必一樣，文獻通考（卷二〇）述仁宗時事云：

「海船至者，視所載，十算一而市其三。」

宋會要之舉孝宗隆興二年八月十三日條呈兩浙市舶司利害之奏文云：

「抽解舊法，十五取一。其後十取其一。又其後擇其良者。謂如犀象十分抽二分，又博買四分。眞珠十分抽一分，又博買六分之類。」

算者征也，博買之博，即博易之博，與貿易之貿同義。質言之，即與收買同義。稅率高的時候，對於某種貨物抽十分之四也有，如高宗紹興十四年時，據宋會要云：

「（紹興）十七年十一月四日，詔三路市舶司，今後蕃商販到龍腦沉香丁香白荳蔻四色，并依舊抽解一分，餘數依舊法施行。○先是紹興十四年一時措置，抽解四分，以市舶司言蕃商陳訴抽解太重，故降是旨。」

二、禁榷，即專買及其他舶貨的收買、出賣、保管與解送——禁榷即政府專買制，在宋太宗太平興國元年似已確立。宋會要總敍市舶云：

「太平興國初，京師置榷易院，乃詔諸蕃國香藥寶貨至廣州、交趾、泉州、兩浙，非出於官庫者，不得私相交易。後又詔民間藥石之具，恐或致闕，自今唯珠貝、瑇瑁、犀牙、鑌鐵、鼊皮、珊瑚、瑪瑙、乳香、禁榷外，他藥官市之餘，聽市貨與民。」

宋史食貨志所載與此同。犀牙為犀角象牙。關於榷易院的設置，宋史張遜傳云：

「太平興國初補左班殿直從征太原還遷文思副使再遷香藥庫使嶺南平後交趾歲入貢通關市幷海商人遂浮舶販外國物闍婆、三佛齊、渤泥、占城諸國亦歲至朝貢由是犀象香藥珍異充溢府庫遜請於京置榷易署稍增其價聽商人金帛市之恣其販鬻歲可獲錢五十萬緡以濟經費太宗允之一歲中果得三十萬緡自是歲有增羨至五十萬雍熙二年錄其勞遷領嬀州刺史。」

香藥庫的職掌，宋史職官志云：

「掌出納外國貢獻及市舶香藥寶石之事。」

在宋史職官志文獻通考無榷易院或榷易署只有榷貨務其職掌雖爲「折博解斗金帛之屬，」然舶貨之專賣亦歸其掌握，觀南宋時爲市舶的重要禁榷貨物的乳香歸榷貨務出賣可知。（宋史卷一八五食貨志香藥）又至南宋有編估局打套局這樣的機關，（見宋史職官志與文獻通考卷五六。）宋史職官志注云：

「二局係揀選市舶香藥雜物等第，會其直以待貿易。」

此彷彿是榷貨務中的二局。又有寄樁庫，同書注云：

「掌發賣香藥匹帛，拘其直歸於左藏南庫。」

此彷彿是禁榷貨物的保管處。

關於太平興國元年舶貨的專賣，據宋會要云：

「元年五月，詔敢與蕃客貨易，計其直滿一百文以上，量科其罪。過十五千以上，黥面配海島。過此數者，押送赴闕。婦人犯者，配充針工。」

「淳化五年二月，申其禁，四貫以上，徒一年。遞加二十貫以上，黥面配本地充役兵。」

此元爲對於蕃客卽外人之直接貿易的禁止，至太平興國七年特別將藥物的一部份解放，許與人民直接賣買。則在此以前，一切香藥珍寶都須由政府專賣可知。關於此藥物等一部分的解放，宋會要又云：

「七年閏十二月，詔聞在京及諸州府人或少藥物食用，今以下項香藥止禁榷廣南、漳、泉等州船舶上，不得侵越州府界紊亂條法，如違依條斷遣。其在京并諸處，卽依舊官場出賣，及許人興販。」

舉出禁榷物八種（同前）與開放通行藥物三十七種的名目。並云「後紫礦亦禁榷。」此七年閏十二月之詔文義上雖稍曖昧而由其意推之下項人種禁榷物之外，其他三十七種之藥物，只有在廣南、漳泉等船舶上依禁榷法官市官市之餘許人民賣買，惟不許越出州府界限興販於其他州府。京師與廣南、漳泉等州以外各處照舊例由官場出賣。並許其興販出賣品。前引宋會要市舶總敍（宋史食貨志同）云「他藥官市之餘聽市貨與民，」即此意。

又關於禁榷的貨物，宋會要有云：

「眞宗大中祥符二年八月九日，詔杭、廣、明市舶司，自今蕃商齎鍮石至者官爲收市，斤給錢五百，以初立禁科也。時三司定直斤錢二百，詔特增其數。」

所謂「初立禁科」即謂作爲禁榷之貨，據此原先八種加起紫礦，成爲九種，又加一種鍮石，成爲十種。不過禁榷貨目隨時代的不同，不免多少有些出入，尤其是在南宋時代如下所說變化特多。

禁榷貨卽榷貨以外的舶貨，被市舶司收買的比率，自宋初以來亦頗不小。據宋會要太宗淳化二年四月的詔書云：

「廣州市舶每歲商人舶船，官盡增常價買之，良苦相雜，官益少利。自今除禁榷貨外，它貨擇良者，止市其半，如時價給之，粗惡者恣其賣，勿禁。」

當時所謂「良者」，卽謂擇有利的東西收買其半。此與上述孝宗隆興二年八月十三日兩浙市舶司奏文中所云舊制擇其良者，如象牙以四分博買，眞珠以六分博買，其比率略同。明州抽解收買的情形，在宋羅濬等寶慶四明志胡榘的劄子中所云舊例一條，很可明白的看出來，其文曰：

「竊見舊例，抽解之時，各人貨物分作一十五分；舶務抽一分，起發上供；綱首一分，爲船腳糜費；本府又抽三分，低價和買；兩倅廳各抽一分，低價和買，共已取其七分。至給還客旅之時，止有其八。則幾於五分取其二分。故客旅寧冒犯法禁，透漏，不肯將出抽解。」

這雖是兩浙市舶司廢止以後，僅留市舶務在明州時所說的話，然以所說舊例一語來看，則爲在其前的事實，可見其時抽解收買的比率是如何的高。所謂綱首的意義，萍州可談（卷二）云：

「甲令，海舶大者數百人，小者百餘人，以巨商爲綱首、副綱首、雜事。市舶司給朱記，許用笞治其徒。有死亡者籍其財。」

猶如今日之船長，不過他不是海舶的所有者，不是操縱海舶的技術人員，也不是爲自己經營貿易之人。綱首是結伴商旅之長，故亦稱海舶爲綱船。

在宋初年單以貨物的良窳來區別舶貨，但到了後來則以課稅的差異，運搬的便利與否等關係來區別舶貨的細色與粗色。細色是容量輕小價値高貴的東西，粗色是容量重大價値低賤的東西。細色的舶貨（已如前述）稅率較高，市舶司所收買者多爲這種貨物，粗色的舶貨不但稅率較低，而且大都是委之舶商自賣。而市舶司收買所得的細色舶貨與抽解禁榷的舶貨，凡此等送納至中央的東西，即上供的東西，有在市舶司出賣於一般商人者，且由抽解所得的舶貨，其粗重者往往在市舶司出賣。因此市舶司不僅抽解收買而已，亦擔任舶貨出賣方面的事情。

關於宋初市舶司所在地的貿易事宜，據宋會要與宋史食貨志云：

「以金、銀、緡錢、鉛、錫、雜色帛、精粗瓷器，市易香、藥、犀、象、珊瑚、琥珀、珠、琲、賓鐵、鼊皮、瑇瑁、瑪瑙、車渠、水晶、蕃布、烏滿、蘇木之物。」

據此，市舶司所禁榷的舶貨及博買其他細貨所謂官本是金、銀、緡、錢、鉛、錫、雜色帛、精粗瓷器等。而主要者爲錢帛，就中錢（雖有銅錢外出的禁令）對於內地商人的貨物尤其重視。元豐六年密州范鍔的呈文中關於諸寶貨抽買的情形有云：

「況本州及四縣常平庫錢不下數十萬緡，乞借爲官本，限五年撥還。」

吳居厚的覆奏中亦有云：

「欲稍出錢帛，議其取舍之便，考其贏縮之歸。」

因此又稱之曰本錢。朝野雜記（卷一五）舉神宗時閩、浙、廣三路市舶司本錢云「亡慮千萬緡。」

又宣和三年十一月二十六日詔云：

「諸路市舶本錢，幷依茶鹽錢。」（宋會要）

同七年三月十八日詔云：

「給降空名度牒，廣南福建路各五百道，兩浙路三百道，付逐路市舶司，充折博買本錢，仍每月具博買幷抽解到數目，申尙書省。」（同上）

又高宗建炎二年六月十日詔云：

「給度牒師號二十萬貫付福建路，十萬貫付兩浙路，專充市舶本錢。」（同上）

同書又云：

「（高宗紹興二年）四月二十六日戶部言，據提舉廣南路市舶張書言劄子，近年以來，不蒙朝廷給降本錢，而轉運司又取撥過本司見錢五萬貫文，見今委實闕乏，詔令禮部給降廣南東路空名度牒三百道，紫衣兩字師號各一百道，撥還本司，充博買本錢支用。」

「（同三年）九月九日，詔廣南市舶庫錢物除朝廷指定取撥合應副外，其餘官司今後并不得取撥，支使雖奉特旨，亦聽本司執奏不行。○提舉姚焯言本司本錢多爲轉運司畫旨取撥，致以（難）應副蕃商故也。」

「（同三年）十一月十二日戶部言，諸路收買市舶司博易物色本錢，欲依舊用坊場錢應副，從之。」

「（孝宗乾道三年）十二月二十三日，詔令福建市舶司、於泉、漳、福建、興化軍，應令起赴左藏西庫上供銀內，不以是何案名，截撥二十五萬貫，專充抽買乳香等本錢。」

此本錢自然是充作禁榷貨及收買其他有利舶貨之用。度牒的價值，據朝野雜記（卷一五）云：

「自治平四年冬始鬻之。（長編云始於熙寧元年秋蓋誤）熙寧之直，爲百二十千。渡江後，增至二百千。其後民間賤之，止直三十千而已。」

每道錢不下三十貫，有時價值二百貫。兩字師號的價值若干不明，惟終較度牒稍貴。又坊場錢亦稱坊場稅錢，文獻通考（卷十九）云：

「按坊場卽墟市也，商稅酒稅皆出焉。」

以此等本錢收買的禁榷舶貨，在宋初年有瑇瑁、犀角、象牙、賓鐵、鼊皮、珊瑚、瑪瑙、乳香八種，後來加紫礦、鍮石共十種，凡此前已言之，而其貨目終宋一代亦不必一樣，此亦前已言之。其詳細情形雖不可得而知，惟萍洲可談（卷二）有云：

「象牙重及三十斤，幷乳香，抽外盡官市，蓋榷貨也。商人有象牙稍大者，必截爲三斤以下，規免官市。凡官市價微，又準他貨與之，多折閱，故商人病之。」

此地僅舉乳香象牙爲榷貨者，不過特舉其主要者言之。在當時象牙重要到三十斤纔榷貨，此已與宋初不同。折閱猶云「折扣」。又紹興三年七月一日詔云：

「廣南東路提舉市舶官今後遵守祖宗舊制，將中國有力（用？）之物如乳香藥物，及民間常使香貨，并多數博買。內乳香一色，客算尤廣。所差官自當體國，招誘博買。」（宋會要）

據此乳香等爲當時最有用。政府對此有利益的貨物，非常之努力務使多多的博買，似不必限於宋初年所定的榷貨。客算爲在專賣貨物公賣時客旅算錢之納於官府者。同年十二月戶部上言曰：

「勘會三路市舶，除依條抽解外，蕃商販到乳香一色，及牛皮筋骨堪造軍器之物，自當盡行博買。其餘物貨不權宜立定所起發窠名，切慮枉費腳乘。」

貨物之發送京師與在本處變賣須立定名目。據此，當時所要盡力博買的舶貨只有乳香及牛皮筋骨堪造軍器之物，其餘在市舶司認爲有利益可圖時纔博買似的。

市舶司所收買的貨物在宋初年與禁榷抽解之貨同樣皆送解中央，到後來抽幾分由市舶司出賣收息。此制始於何時不明，惟在徽宗崇寧四年已有此事。如宋會要云：

「（崇寧）四年五月二十日，詔每年蕃舶到岸，應買到物貨合行出賣，并將在市實直價例，依市易法，通融收息，不得過二分。○從廣南提舉市舶司請也。」

所謂市易以賤買貴賣平衡物價爲宗旨。大概收二分利息。按此法通融收利，當含有收利不得過二分之義。又同書宣和四年五月九日詔云：

「應諸蕃國進奉物依元豐法，更不起發，就本處出賣，倘敢違戾，市舶司官吏以自盜論。」

據此，依元豐舶法，蕃國進貢之物似都在市舶司出賣，並令其依法執行。又雖是抽解之貨，要是粗重難以發運者似亦在市舶司出賣。尤其在高宗建炎元年時在閩廣二司粗色的貨物都在本州市舶司出賣。宋會要明白的說：

「十月二十三日，承議郎李則言，閩廣市舶，法置場抽解，分粗細二色，般運入京。其餘粗重難起發之物，本州打套出賣。自大觀以來，乃置庫收受，務廣帑藏，張大數目，其弊非一。舊係細色綱只是眞珠龍腦之類，每一綱五十兩。其餘如犀牙、紫礦、乳香、檀香之類，盡是粗色綱，每綱一萬斤。凡起一綱，差衙前一名管押，支腳乘贍家錢，約計一百餘貫。大觀以後，犀牙、紫礦之類皆變作細色，則是舊日一綱分爲之十二綱，多費官中腳乘贍家錢三千餘貫。乞將前項抽解粗色幷令本州依時價打套出賣盡作見錢樁管，許諸色客人就行在中納見錢齎執兌便關子，前來本州支請，詔依舊依所乞。」

此地的本州以他例推之當指本州市舶司。其中如犀牙（犀角象牙）乳香等雖說是粗色，元來是被禁榷的東西。所謂衙前是人民的一種差役，爲使用於押送官物之人（宋史卷一七七、文獻通考卷一二）。關子猶如今日之「匯票」（宋史卷一八一）。打套猶云估價，樁管是保管之意。宋會要又云：

「紹興元年十一月二十六日，提舉廣南路市舶張書言言，契勘大食人使蒲亞里所進大象牙二百九株，大犀三十五株，在廣州市舶庫收管。緣前件象牙各係五六十斤以上，依市舶條例，每斤估錢二貫六百文九十四陌，約用本錢五萬餘貫文省，欲望詳酌，如數目稍多，行在難以變轉，卽乞指揮起發一半，令本司委官秤估，將一半就便搭息出賣，取錢添用給還蒲亞里本錢。詔令張書言揀選大象牙一百株，幷犀二十五株，起發赴行在，準備解笏造帶，宣賜臣僚使用，餘依。」

據此當時大象牙一百九株市舶司出賣可以收得相當的利益，（五萬餘貫文省之省字意卽奇零與足字相對。）前述至紹興三年十二月十七日所定三路市舶司解送其本色卽實物至行在的貨名與在本處變賣所得的價錢解送行在的貨名依據八年七月十六日臣僚之言在六年四月九日的朝旨又更定過一次至十一年十一月又有此事由此起發上供物數抽解與博買所用錢數及貨物出賣若干等爲中央政府時向市舶司徵取報告的要目。

當海舶到後所有的貨物，一旦都須移交給市舶司手中迨抽解收買之後，然後還給所有者。經抽解收買來的貨物，保存在市舶司庫經過一定的時期或起發解送中央或在本處出賣收買用的官本及出賣所得者皆保藏在此倉庫因此倉庫的保管在市舶司是一種重要的事情，故宋會要中常有關於這方面的記載，如：

「（眞宗）天禧三年十月，供備庫使侍其曙言，廣州市舶庫門，舊令鈐轄監閱，望止於都監押內，輸（輪?）司其事，從之。」

這還是知州兼市舶使時代的事實。當時由地方武官擔當監門之職，宋會要云：

「（高宗建炎）四年四月二十六日，尙書省言，廣南路提舉市舶司言檢准敕節文廣舶司狀，廣州市舶庫逐日收支寶貨錢物浩瀚，全籍監門官檢察。欲乞許從本司奏無贓私罪文武官充廣州市舶庫監門，庶幾得人檢察杜絕侵盜之弊，從之。」

在此地監門似乎純然爲市舶司的一官員，在市舶官中有「專庫」這樣的名稱，我想就是這市舶監門。

當抽解收買的舶貨解送中央官庫時，在宋初年時據宋會要云：

「（仁宗天聖）五年九月，自今遇有舶船到廣州博買香藥，及得一兩綱，旋具奉聞，乞差使使臣管押。」

似乎中央特別派遣使臣管押送京。到後來則歸轉運使掌管，宋會要云：

「神宗熙寧四年五月十二日，詔應廣州市舶司每年抽買到乳香雜藥，依條計綱，申轉運司，召差廣南東西路得替官往廣州，交管押上京送納事，故衙替之人勿差。」

又云：

「至元符三年六月十一日，廣東轉運司奏，欲於上京送納字下，添入如逐路無官願就，卽不限路分官員，幷許召差；如無官，仍約定綱數申省乞差軍大將裝押字，從之。」

得替官謂交替赴京的官員。軍大將卽爲文獻通考（卷一二）中衙前滿三期未至罪徒者補充三司軍將的軍將之類。至設置提擧市舶司專官以後，所謂綱運送納之事亦歸市舶司掌管，前述宋會要高宗建炎元年十月二十日承議郞李則之言亦有云：

「閩廣市舶舊法置場抽解，分粗細二色，般運入京。」

「自大觀以來，乃置庫收受，務廣帑藏，張大數目，其弊不一。舊係細色綱只是眞珠龍瑙之類，每一綱五千兩。其餘如犀牙、紫礦、乳香、檀香之類，盡是粗色綱，每綱一萬斤。凡起一綱，差衙前一名管押，支脚乘贍家錢約計一百餘貫。大觀以後，犀、牙、紫礦之類，皆變作細色，則是舊日一綱，分爲三十二綱，多費官中脚乘贍家錢三千餘貫。」

據此在大觀以前已如此。又於紹興三年十二月除抽解禁榷的舶貨以外，分收買後解送行在的東西與在本處變賣的東西二種。宋會要云：

「欲令三路市舶司將今來立定名色，計處起發。」

同書孝宗乾道十年十月十三日詔亦云：

「今後廣市舶司起發粗色香藥物貨每綱以二萬斤正六百斤耗爲一綱，依舊例支破水脚錢一千六百十二貫三百三十七文省。限五箇月到行在交納。如別無欠損違限，與依押乳香三千，推賞其差募官管押等，幷依見行條法指揮。○從戶部尚書曾懷之請也。」

市舶司也掌管綱運送納之事，並每綱斤量水脚錢數的實際概況亦可知道。

三、關於海船出口許可證的付給與回船事項的規定——宋會要云：

「端拱二年五月，詔自今商旅出海外蕃國販易者，須於兩浙市舶司陳牒，請官給券以行，違者沒入其寶貨。」

關於國內商旅之往海外蕃國貿易的規定，這是初次看到。端拱二年適當西曆九百八十九年。當時請求官府給券似乎只在兩浙市舶司，廣州尚無所聞，原因何在，不得而知。又所謂「商旅出海外蕃國販易者」當指中國的舶商，所給之券就是後來所謂公據或公憑。

關於公據或公憑付給的手續，仁宗慶曆編勅有云：

「客旅於海路商販者，不得往高麗新羅及登萊州界。若往餘州，幷須於發地州軍先經官司投狀，開坐所載行貨名件，欲往某州軍出賣，許召本土有物力居民三名，結罪保明，委不夾帶違禁及堪造軍器物色，不至過越所禁地分，官司即爲出給公憑。如有違條約及海船無公憑，許諸色人告捉，船物幷沒官。仍估物價錢，支一半與告人充賞，犯人科違制之罪。」

嘉祐編勅亦同（據東坡文集卷五六乞禁商旅過外國狀引。）委即委實或委是之略，與實字同。結罪保明即負責保證之意。至熙寧編勅云：

「諸客旅於海道商販，於起發州投狀，開坐所載行貨名件，往某處出賣，召本土有物力戶三人結罪保明，委不夾帶禁物，亦不過越所禁地分，官司即爲出給公憑，仍備錄船貨，先牒所往地頭，候到日點檢批鑿公憑訖，報元發牒州，即乘船自海道入界河，及往北界高麗新羅、幷登萊界商販者，各徒二年。」（同上）

這種規定顯然是爲對於敵國遼禁止銅錢軍器及軍用資料的輸入其境。慶曆嘉祐編勅與熙寧編勅二者稍有不同前者海商所往之地稱「州軍，」後者改爲「地頭，」且後者有「仍備錄船貨，先牒所往地頭候到日，點檢批鑿公憑訖，卻報元發牒州。」而前者無之。所說地頭按當時用語的慣例是用於外國。先通牒於所往的地頭，待海商到達其地之日，請在地頭檢點對照牒中所記的貨物名稱數量及運載在舶上的貨物與公憑符合否，逐一批驗，然後再報告於原來發牒的州軍。不過地頭若是外國的地頭則如何能够先發牒通知呢？這是一疑問。據以上編勅所說海船如專門限於內地通商，所謂公憑的發給似要經州郡之手，其通商海外蕃國者，如端拱二年五月詔，公憑的發給似要經市舶司之手。其發付的手續完全一樣，在下擧元祐編勅中明白可以看出。至元豐年間，不特許人民與高麗通商，許高麗人入貢商販，且許與海外諸蕃通商，其發舶地點限定杭州、明州、廣州三處。如元豐三年八月二十三日中書劄子節文云：

「諸非廣州市舶司，輒發過南蕃綱舶船，非明州市舶司，而發過日本高麗者，以違制論，不以赦降去官原減。」（東坡全集五八）

同八年九月十日勅節文云：

「諸非杭、明、廣州而輒發過南海船舶者，以違制論，不以去官赦降原減。諸商賈由海道販諸蕃，惟不得至大遼國及登萊州，即諸蕃願附船入貢或商販者聽。」（同上）

元豐三年所定發船到南蕃必須從廣州市舶司，發船到日本、高麗必須從明州市舶司之制，至元豐八年似乎已經廢止，惟海商船舶的出發多從杭、明、廣三州市舶司。在書中雖只說杭、明、廣州，而不說出市舶司，但與元豐三年中書劄子節文相對照則其爲市舶司自明。海船既然是從市舶司發船，則公憑是由市舶司發給，大概可無疑問罷。特別在元祐編勑有云：

「諸商賈許由海道往外蕃興販，并具入船物貨名數所詣去處，申所在州，仍召本土有物力戶三人委保物貨內不夾帶兵器若違禁以堪造軍器物，并不越過所禁地分，州爲驗實，牒送願發船州，置簿抄上，仍給公據方聽行。候回日，許於合發船州住船，公據納市舶司。即不請公據而擅行，或乘船自海道入界河，及往新羅、登萊州界者，徒二年，五百里編管。」（同上）

此與宋會要：

「（天祐）五年十一月二十九日，刑部言，商賈許由海道往來蕃商（國？）興販，并具入船物貨名數，所詣去處，申所在州，仍召本土物力戶三人委保，州爲驗實，牒送願發舶州，置簿給公據聽行。回日，許於合發舶州住舶，公據納市舶司。卽不請公據而擅（行，或）乘船自海道入界河，及往高麗、新羅、登萊州界者，徒二年，五百里編管；往北界者，加二等，配一千里。幷許人告捕，給船物半價充賞。其餘在船人，雖非船物主，幷杖八十。卽不請公據而未行者，徒一年，鄰州編管，賞減擅行之半。保人幷減犯人三等，從之。」

相同，（文獻通考卷二十亦略載其事）所云「願發舶州」「合發舶州」是指杭州、泉州、廣州的任何一州。當時發舶有必須回到市舶司所在之州的制度。回來時既須呈交公據於市舶司，則發付公據當亦在市舶司。

發付發舶公據的目的：一、所以約制禁物的出口；二、所以限止往來於禁地；三、所以防入口貨物的偷漏。自元豐三年八月二十三日以降，許海商與高麗通商，並許高麗人入貢與商販。惟至元祐五年八月十五日，蘇軾上乞禁商旅過外國狀論曰：

「自熙寧四年發運使羅拯始遣人招來高麗，一生厲階，至今爲梗。熙寧編勅稍稍改更，慶曆嘉祐之法。至元豐八年九月十七日勑，惟禁往大遼及登、萊州，其餘皆不禁。又許諸蕃願附船入貢或商販者聽。元祐編勑亦只禁往新羅。所以奸民猾商爭請公憑，往來如織，公然乘載外國人使，附搭入貢，搔擾所在，不特降指揮，將前後條貫看詳，別加删定，嚴立約束，則奸民猾商往來無窮，必爲意外之患。」

至有乞依慶曆嘉祐編勑，不許從杭州、明州發船往高麗通商，一時的禁令。如宋會要云：

「（高宗建炎二年）十月十七日，司農卿黃鍔奏：臣聞元祐間，故禮部尚書蘇軾奏，乞依祖宗編勑，杭明州幷不許發船往高麗，違者徒二年，沒入財貨充賞。幷乞删除元豐八年九月由創立許海舶附帶外夷入貢及商販一條。幷蒙朝廷一一施行。臣近具海舶擅載外國入貢條約，稟之都省，蒙劄付臣，戒諭臣已取責船戶陳志蔡周迪狀稱，今後不得擅載，如違徒二年，財物沒官之罪。欲望特降處分下諸路轉運市舶司等處，依應遵守，不許違戾從之。」

元來元豐元祐因有黨爭的關係，其禁令或行或廢，常隨時代而變遷。

在元祐編勑中更有足注意者，凡海舶必須住舶於原發舶之地，在其市舶司抽解。所謂「候回日，許於各合發舶州住舶，公據納市舶司，」即是此制似依據元豐三年八月二十三日詔勅所創設，且在元祐元符間曾一度廢止，讀元符五年三月四日詔：

「廣州市舶司舊來發舶往來南蕃諸國博易回，元豐三年舊條，只得卻赴廣州抽解，後來續降，沿革不同，今則許於非元發舶州往（住？）舶抽賣，緣此大生姦弊，虧損課額，可將元豐三年八月舊條，與後來續降衝改參詳，從長立法，遵守施行。」（宋會要）

即可知當時如何立法，雖已不得而知，大概似仍恢復到在元發舶州抽解的舊制。此制到後來又發生弊病，南宋孝宗隆興二年八月十三日條陳兩浙市舶司利害一條有云：

「三路船船各有置司去處，舊法召保給公憑起發，回日繳納，仍各歸發舶處抽解。近緣兩浙市舶司事爭利申請，令隨便住舶變賣，遂壞成法，深屬不便，乞行下三路，照應舊法施行。」（宋會要）

當時雖從其議，惟又據乾道三年四月二十二日詔：

「廣南、兩浙市舶司所發船回日，內有妄託風水不便，船身破漏，檣柂損壞，即不得拘截抽解。若有別路市舶司所發船，前來泉州，亦不得拘截，卽委官押發離岸，回元來請公驗去處抽解。」

「從福建路市舶程祐之請也。」

則當時還是有從兩浙、廣州市舶司出發的船舶回航至泉州者。實際上此制度的厲行，當時似頗感覺困難，因爲此事不獨單爲舶商的企圖脫稅，同時三路市舶司的互相爭利與官吏的臧否，都有關係。萍洲可談（卷二）亦有云：

「三方唯廣最盛。官吏或侵漁，則商人就易處。故三方亦迭盛衰。」

南宋時又有限定回舶期限，以防透漏卽脫稅之制。孝宗隆興二年八月十三日條陳兩浙市舶司利害條有云：

「商賈由海道興販諸蕃及海南諸州，近限回舶。緣其間或有盜賊風波逃亡事故，不能如期，難以立定程限。今欲乞召力戶充保，自給公憑日爲始，若在五月內回舶，與優饒抽稅；如滿一年內，不在饒稅之限。滿一年以上，許從本司根究責罰施行。若有透漏，元保物力戶，幷當坐罪。」

此議爲政府所採用。兩浙路實行此制之後，其他二路市舶司通行與否？可不得而知。書中所云「優饒抽稅」之饒稅意爲免除徵稅中幾分之幾之謂。

在當時的航海因風信的不便有時不能到達市舶司所在之地或爲達到脫稅的目的故意如此的也有。如宋會要云：

「仁宗天聖三年八月，審刑院大理寺言，監察御史朱諫上言，福州遞年常有舶船三兩隻到鍾門海口。其郡縣官吏多令人將錢物金銀博買眞珠犀象香藥等，致公人百姓，接便博買，卻違禁寶貨不少。乞申明條貫下本州，從之。」

即是。其所謂條貫的性質如何？今無從知悉。惟關於這種一般的條例到神宗熙寧七年時始有明的規定，即同年正月一日詔云：

「諸舶船遇風信不便，飄至逐州界，速申所在官司。城下委知州，餘委通判或職官，與本縣令佐，躬親點檢。除不係禁物，稅訖給付外，其係禁物，即封堵，差人押赴隨近市舶司，勾收抽買。諸泉、福緣海州，有南蕃海南物貨船到，幷取公據驗認。如已經抽買有稅務給到回到，即許通行。若無照證，及買到未經抽買物貨，即押赴隨近市舶司，勘驗施行。」（宋會要）

當時泉州還沒有市舶司。

四、舶貨販賣許可公憑卽販賣許可證的發給——凡輸入的舶貨既經抽解收買之後，其餘許舶商自賣在其州界內更無課稅之事。宋會要云：

「孝宗隆興元年十二月十三日，臣僚言，舶船物貨，已經抽解，不許再行收稅，係是舊法。緣近來州郡密令場務，勒商人將抽解餘物重稅，卻致冒法透漏，所失倍多，宜行約束，庶官司無虧，興販益廣。戶部看詳，在法應抽解物，不出州界貨賣，更行收稅者，以違制論，不以去官赦降原減。欲下廣南、福建、兩浙轉運司，幷市舶司，鈐束所屬州縣場務，遵守見行條法指揮施行，從之。」

此法創始於何時？雖無明文可徵，惟旣云係舊法，則當時通行已久可知。我想自太宗太平興國七年香藥之禁榷解放之後，已如此了罷。特別在神宗熙寧七年正月一日詔中有云：

「諸客人買到抽解下物貨，幷於市舶司請公憑引目，許往外州貨賣。如不出引目，許人告，依偸稅法。」（宋會要）

據此在市舶司一旦經過抽解收買之後，卽在外州亦可自由販賣似的。可是宋會要又云：

「乾道二年五月十四日，兩浙路市舶司言，建炎三年四月四日，指揮應販市舶香藥，給引付人戶，遇經過收稅去處，依此批鑿免兩州商稅。當來失寫物貨二字，致被稅務阻節。乞於香藥字下添入物貨二字。詔依。仍令人戶，於出給文引內，從實開坐所販名件數目，齎執前去。」

兩州指杭州、明州，爲兩浙市舶司所在之地，據此販賣市舶香藥免商稅者，似限於市舶司所在之州內，至少可以說建炎以後是如此似的。所謂「公憑引目」「文引」或單稱「引」，是販賣許可證，亦記有貨物名目數量。至關於市舶司引的給付，宋會要有云：

「（元豐五年）十二月二十一日，廣西轉運副使吳潛言，雷化發船之地，與瓊島相對，今令倒下廣州請引，約五千里，不便。欲乞廣西沿海一帶州縣，如土人客人以船載米穀牛酒黃魚及非市舶司抽解之物，并更不下廣州請引。詔孫迥相度於市舶法有無妨礙。」

其結果如何？今雖不得而知，但海船販賣的貨物，當時都須向市舶司請引的事實，可無疑問。

當時通商在海上貿易繁盛之廣州的大食蕃客，其商業的勢力漸漸擴張到內地，因此當哲宗元符三年時，至設有一種規定，限制他們的發展。宋會要云：

「（元符）三年五月二十八日，詔應蕃國及土生蕃客，願往他州或東京販易物貨者，仰經提舉市舶司陳狀本司勘驗詣（審？）實給與公憑前路照會經過官司，常切覺察不得夾帶禁物及姦細之人。其餘應有關防約束事件令本路市舶司相度申尙書省。○先是廣南路提舉市舶司言，自來海外諸國蕃客，將寶貨渡海赴廣州市舶務抽解，與民間交易，聽其往還，許其居止。今來大食諸國蕃客乞往諸州及東京買賣，未有條約，故有是詔。」

據此這時候公憑的給與也歸市舶司掌管。東京指汴京，即開封。

五、蕃國與蕃舶的招徠及其迎送——宋自建國以來至太宗時，即頗注意於市舶之利。據宋會要當時已有招徠蕃國之舉，如云：

「雍熙四年五月，遣內侍八人，齎勅書金帛分四綱，各往海南諸蕃國，勾招進奉，博買香、藥、犀、牙、眞珠、龍腦。每綱齎空名詔書三道，於所至處賜之。」

這還是關於蕃國進貢方面的，至仁宗天聖六年七月十六日詔云：

「廣州近年蕃船罕至，令本州與轉運使招誘安存之。」（宋會要）

當時市舶使還是由知州兼領。至元豐三年廣州市舶條約修定，提舉市舶司歸轉運使兼領之後，宋會要云：

「（元豐）五年十月十七日，廣東轉運副使兼提舉市舶司孫迥言，南蕃綱首持三佛齊詹畢國主及主管國事國主之女唐字書，寄臣熟龍腦二百二十七兩，布十三段。臣昨奉差委推行市舶法。臣以海舶法弊，商旅輕於冒禁。每召賈胡示以條約，曉之來遠之意。今幸刑戮不加，而來者相繼。前件物等臣不敢受，乞估直入官，委本庫買綵帛物等，候冬船回報謝之。所貴通異域之情，來海外之貨，從之。」

詹畢亦稱占卑，卽 Sumatra 東北岸上之 Jambi。曉之來遠之意，與招徠海外之貨，實爲市舶司重要的職務。因此當海舶來去之際，有支破官錢，開設宴筵，以結其歡心之舉。宋會要高宗建炎二年七月八日詔云：

「兩浙路市舶司已降指揮，減省冗費，每遇海商住舶，依舊例支送酒食，罷每年燕犒。」

據此可知在此以前支送酒食之外，並舉行燕犒。這次的罷廢不過一時的現象。至紹興二年，至少在廣州仍恢復舊狀，如宋會要云：

「六月二十一日，廣南東路經略安撫提舉市舶司言，廣州自祖宗以來，興置市舶，收課入倍於他路。每年發舶月分，支破官錢管（筵？）設津遣，其蕃漢綱首作頭稍工等人，各令與坐，無不得其懽心。非特營辦課利，蓋欲招徠外夷，以致柔遠之意。舊來或遇發舶衆多，及進貢之國併至，量增添幾數，亦不滿二百餘貫，費用不多，所悅者衆。今準建炎二年七月勑，備（據？）坐前提舉兩浙市舶吳說劄子，每年宴犒諸州所費不下三千餘貫，委實枉費。緣吳說即不曾取會本路設蕃所費數目，例蒙指揮寢罷，竊慮無以招邀遠人，有違祖宗故事，欲乞依舊犒設，從之。」

設之意猶云宴饗。又在泉州緣廣州之例，也有同樣的情形。如宋會要云：

「（紹興）十四年九月六日，提舉福建路市舶樓璹（鑰？）言，臣昨任廣南市舶司，每年於十月內，依例支破官錢三百貫文，排辦筵宴。係本司提舉官同守臣犒設諸國蕃商等。今來福建市舶司每年止量支錢，委市舶監官備辦宴設，委實禮意與廣南不同，欲乞依廣南市舶司體例，每年於遣發蕃舶之際，宴設諸國蕃商，以示朝廷招徠遠人之意，從之。」

當時蕃舶中除通商貨物之外，尚有名爲進貨的貨物，其待遇自不免稍有不同。宋初大食國人蕃客麻思利等來中國時，宋會要有云：

「（眞宗）天禧元年六月，三司言，大食國蕃客麻思利等回收買到諸雜物色，乞免緣路商稅。今看詳，麻思利等將博買到眞珠等合經明州市舶司抽解外赴闕進賣。今卻作進奉名目，直來上京，其緣路商稅不令放免，詔特蠲其半」

據此若眞是進貢的貨物則抽解與沿路的商稅似都可免了。至仁宗天聖四年有日本國太宰府進奉使周良史來中國，宋會要云：

「四年十月，明州言市舶司牒，日本國太宰府進奉使周良史狀，奉本府都督之命，將土產物色進奉。本府看詳，即無本處章表，未竅（敢？）發遣上京。欲令明州只作本州意度諭周良史，緣無本國表章，難以申奏朝廷。所進奉物色，如肯留下，即約度價例迴答。如不肯留下，即卻給付，曉示令迴，從之。」

也沒有提到抽解的事情。特別在曾文定公（鞏）集卷十六陳公（世卿）神道碑中記其知廣州時云：

「海國來獻，多人徒，以食縣官，而往往皆射利於中國也。天子問公所以綱理之者，公以謂以國之大小，裁使員授官之多少，通其公獻，而征其私貨，可以息弊止煩，從之。」世鄉若是祥符九年九月死於廣州，則所謂「通其公獻，而征其私貨，」是祥符年間的事情。即自此時以後，私帶的貨物特別須課稅。且自元豐三年以後，進奉的貨物大概是在市舶司所在之地出賣，不必一定要解運京師似的。這在上述宋會要徽宗宣和四年五月九日之詔有云：

「應諸蕃國進奉物，依元豐法，更不起發，就本處出賣。」

在這時對於使臣似有回賜與其出賣價值相當的東西。但必要的東西仍須解送中央，如前述紹興元年大食人使蒲亞里進大象牙二百九株，大犀三十五株，將其中象牙一百株、犀角二十五株解送行在，其餘出賣，作爲償還蒲亞里的本錢。當時市舶司有派遣使臣，持公據赴蕃國，勸蕃人進貢。蕃國使臣到時，表示歡迎之外，並犒以宴饗，且迎之入京，其禮數之隆重，觀政和五年禮部奏事中所引福建路提舉司狀文即可知。此等使臣經過州軍所在之地，州軍亦以妓樂相迎，許其乘轎騎馬，與知州通判或監司彼此以賓禮相見。又據政和令，市舶司若遇有未曾入貢過的蕃國入貢時，市舶司對於其使臣有問明其國之遠近大小強弱已經入貢於何國等上奏於朝廷之責。宋史與宋會要等關於外國的紀事大概是從此得來似的。

竭力招徠蕃舶在宋初已如此，至南宋更甚。入貢使臣受以官銜固不足希奇，其運貨多官利大者，努力於招徠的綱首，不問內外人亦皆浴其恩賜。如宋會要云：

「（紹興）六年十二月十三日，詔蕃舶綱首蔡景芳特與補承信郎。○以福建路提舉市舶司言，景芳招誘販到物貨，自建炎元年至紹興四年收淨利錢九十八萬餘貫，乞推息(恩?)故也。」

又云：

「六年八月二十三日，提舉福建市舶司上言，大食蕃國（客?）蒲囉辛造船一隻，般載乳香，投泉州市舶，計抽解價錢三十萬貫，委實懃勞，理當優異。詔蒲囉辛特補承信郎。仍賜公服履笏，仍諭以朝廷存恤遠人優異推賞之意。候回本國，令說諭蕃商廣行般販乳香前來。如數目增多，依此推恩餘人。除犒設外，更與支給銀綵。」

此事實似根據知泉州連南夫之奏請，宋史卷一八五食貨志香條有云：

「六年知泉州連南夫奏請諸市舶綱首能招誘舶舟，抽解物貨，累價及五萬貫十萬貫者，補官有差。」

是記載（蒲）囉辛蔡景芳之事。不過這種事情，似乎也是宋初時的舊例，宋會要有云：

「（紹興）二十年六月一日宰執進呈戶部措置廣南銅錢出界事，上曰，廣南市舶司，有蕃商息錢，如及額，許補官，此祖宗舊制。前兩年有陳乞推息，又朝廷不與，恐緣此蕃商不至，今後可與依舊例推息，卽非創立法制。」

其中「推息」之息，不消說是恩字之譌。在北宋時代已有此事，徵之東坡全集受辛押陁羅以歸德將軍之制敕云，「開導種落，歲致梯航，」益信而無疑。

六、銅幣出口的禁止——禁止銅幣出口，在宋末南渡以前早有此禁令。太祖時的立法，凡銅幣外溢至江南寨外及南蕃諸國，滿二貫者徒一年，三貫以上者棄市（宋史卷一八〇食貨志）因此有以種種名義輸出銅的計劃，如大食國人在廣州購買鐘器卽其一例。(17) 宋會要外國朝貢條有云：

「眞宗咸平元年八月，詔曰，勅大食國王，先差三麻傑託舶主陁離於廣州買鐘，除納外，少鏹千三百餘貫事卿撫馭一方，恭勤萬里，汎海常修於職貢傾心遠慕於聲明。所市洪鐘雖虧估價以卿素推忠懇宜示優恩特免追收用隆眷注，所欠鐘錢已降勅命蠲放故茲示諭。」

陁離就是陁婆離，卽陁婆雜慈。三佛齊人似亦倣傚其法，如宋史（卷四八九）三佛齊條云：

「咸平六年，其王思離咮囉無尼佛麻調華，遣使李加排副使無陁李南悲來貢，且言本國建佛寺，以祝聖壽，願賜名及鐘。上嘉其意，詔以承天萬壽爲寺額，并鑄鐘以賜。」

至熙寧七年解除錢禁，於是有所謂「邊關重車而出，海船飽載而回」的現象。哲宗元祐六年雖更禁止錢幣外溢，然至南宋時代錢荒更甚，卒至形成所謂錢荒時代的景象。這種現象的發生固然有關於當時財政政策者不少，然一般議者，概認爲原因在錢幣的外溢，因此至紹興十年十一月二十三日對於市舶亦立了一定條例，如宋會要云：

「二十三日，臣寮言，廣東、福建轉運司遇舶船起發，差本司屬員一員，臨時點檢，仍差不干礙官一員，覺察至海口，俟其放洋，方得回歸。如所委官或縱容船載銅錢，并乞顯罪，以爲慢令之戒。詔下刑部立法，刑部立到法，諸舶船起發，（販蕃及外蕃進奉人使回蕃船同）所屬先報轉運使，差不干礙官一員，躬親點檢，不得夾帶銅錢出中國界。仍差通判一員（謂不干預市舶事者，差獨員或差委淸彊官）復候（視？）候其船方洋，方得回歸。諸舶船起發，（販蕃及外蕃進奉人使回蕃船同）所委點檢官（覆視官同）容從夾帶銅錢出中國界者，依知情引領停藏負載人法，（覺察者減三等）卽覆視官，不候其船放洋而輒回者，徒一年，從之。」

其中只說廣東、福建轉運使而不說起兩浙者，因兩浙當時爲行在之地。福建市舶司至紹興二年以後，卽罷廢歸提舉茶事司兼領，（至十二年十月二十八日止）惟有廣東市舶司仍獨立。關於銅幣外溢的禁令，由轉運使負其責。對於一般違禁品的禁止出口，市舶司負責之外，更有轉運使同負其責似的。蓋因只有市舶司，其效力不大，且易作弊。(18) 又通判一員下云「謂不干預市舶職事者，差獨員或差委淸彊官，」可爲不干凝官的註釋。所謂獨員猶云專員。所稱「知情引領停藏負載人法，」當時如何規定？今已不得而知。又銅幣流出的禁令，其後雖屢有頒布，可是對於市舶方面，別無所聞，其實無論禁令如何，其銅幣的流出，仍沒有停止。玫瑰集汪公（大猷）行狀述其在乾道七年知泉州時的行狀有云：

「三佛齊請就郡鑄銅瓦三萬斤，舶司得旨，令泉、廣二州守臣監造付之。公上疏極論其不可，旣犯中國之禁，又爲外夷所役。」

宋史（卷四〇〇）汪大猷傳記其事曰「卒不與。」於此我們亦可以察知當時蕃商如何玩弄詭計，以達到得銅的目的。(19)

據上六項的分析，初稱市舶使後改稱提舉市舶司之職掌已可明瞭。今更舉其大要言之，市舶司的任務：(一)爲入港海舶的檢查抽解與抽解所得貨物的保管解送；(二)爲禁榷貨物即專賣品及其他舶貨的收買、出賣、保管與解送；(三)爲海舶出港許可證的頒發與違禁物品出港的取締；(四)爲舶貨販賣許可證的頒發；(五)爲蕃國與蕃舶的招徠、迎送、及蕃坊事務的處理等。宋史食貨志云：

「掌蕃貨海舶征榷貿易之事，以來遠人通遠物。」

可謂頗得其要。禁榷貨物即專賣品及其他舶貨的收買、出賣等爲所以使當時市舶司與後世關稅不同的最大差別點。

七、對於一般官吏及市舶官吏舞弊事項的規定——爲防止一般官吏及市舶官吏的作弊，當時亦立有一定的規例。太宗至道元年三月下詔廣州市舶司云：

「朝廷綏撫遠俗，禁止末游。比來食祿之家，不許與民爭利。如官吏罔顧憲章，苟徇貨財，潛通交易，闌出徼外，私市掌握之珍，公行道中，靡虞薏苡之謗，永言貪冒，深蠹彝倫。自今宜令諸路轉運司指揮部內州縣，專切糾察。內外文武官僚敢遣親信於化外販鬻者，所在以姓名聞。」（宋會要）

這是對於一般官吏海外通商的禁止。宋會要又云：

「（同年）六月詔市舶司監官及知州通判等，今後不得收買蕃商雜貨及違禁物色，如違，當重置之法。○先是南海官員及經過使臣，多請託市舶官，若傳語蕃長，所買香藥，多虧價直。至是左正言馮拯奏其事，故有是詔。」

這種對於市舶官之私賣蕃商雜貨與專賣物品，自宋初以來即在嚴禁之例。當知州兼市舶使，通判兼監官時，自然知州通判都是市舶官。此禁令其後三路市舶皆欲通用，至徽宗大觀三年，因兩浙提舉市舶司的上奏，特有所聲明，據宋會要云：

「（大觀）三年七月十二日，兩浙提舉市舶司奏，至道元年六月二十六日，勅應知州通判諸色官吏幷市舶司官使臣等今後幷不得收買蕃商香藥禁物。如有收買其知通諸色官員幷市舶司官，幷除名。使臣決配，所犯人亦決配。緣止係廣南一路指揮，詔申明行下。」

至南京高宗紹興五年閏二月八日更下詔曰：

「市舶務監官，幷見任官，詭名買市舶司，及彊買客旅舶貨者，以違制論。仍不以赦降原減。許人告，賞錢一百貫。提舉官知通不舉劾，減犯人罪二等。」（宋會要）

實際上市舶官的作弊，自唐經宋直至後世無終止之時，據宋史所記以淸廉稱者無幾人。如向敏中傳云：

「是州（廣州）兼掌市舶，前守多涉譏議。」

楊覃傳云：

「南海有蕃舶之利，前後牧守，或致謗議。」

特別在杜純傳中有云：

「泉有蕃舶之饒，雜貨山積。時官於州者，私與爲市，價十不償一。」

諸如此類不勝枚舉，散見在宋人文集中者尤多。關於這種情形，不是市舶官行之者亦有，如朱文公集卷八十九范公（如圭）神道碑云：

「南外宗官寄治郡中（泉州），挾勢爲暴，前守不敢詰。至奪賈胡浮海巨艦，其人訴於州，於舶司者，三年不得直。」

掠奪浮海巨艦，雖貴至宗室亦不惜用暴力爲之。又那有名的大食人蒲亞里亦受過市舶官吏侵掠的事情，如前述大食人於紹興元年，以大象牙二百九株，大犀三十五株進貢，象牙各在五十七斤以上，每斤估錢二貫六百文，要本錢約五萬餘貫。而當時將大象牙一百株，犀二十五株徵送中央，以其餘賣卻充回賜錢。在這回賜錢之中，官吏卽行種種的侵刻，如宋汪應辰文定集卷二十三王公（師心）墓誌銘云：

「初大食國遣蒲亞里入貢，而廣東市舶司例計置回賜，官吏幷緣侵刻，訟久不決，詔公同御史往廣州卽訊，獄乃竟。」

文定集認此事在紹興九年，似有疑義。此亞里與宋會要外國入貢條所云：

「（紹興）四年七月六日，廣南東路提刑司言，大食國進奉使人蒲亞里，將進貢回賜到錢置大銀六百錠，及金銀器物疋帛，被賊數十人持刀上船，殺死蕃牧（僕？）四人，損傷亞里，盡數卻奪金銀等前去。已帖廣州火急捕捉外，乞施行。詔當職巡尉先次特降一官，開具職位姓名，申樞密院。其盜賊令安撫提刑司督責捕盜官限一月須管收獲。如限滿不獲，仰逐司具名聞奏，重行黜責。」

「（同七年）閏十月三日，上曰：市舶之利最厚，若措置合宜，所得以百萬計，豈不勝取之於民！朕所以留意於此，庶幾可以少寬民力爾。○先是詔令知廣州連南夫條具市舶之弊。南夫奏至，其一項，市舶司全藉蕃商來往貨易，而大商蒲亞里者，既至廣州，有右武大夫曾訥利其財，以妹嫁之，亞里留不歸。上令連南夫勸誘亞里歸國，往來幹運蕃貨，故聖諭及之。」

之亞里爲同一人物。

八、關於飄着船舶與居留蕃人的規例——關於飄着船舶的規例，在哲宗時已有規定，如宋會要云：

「元符二年五月十二日戶部言蕃舶爲風飄著沿海州界，若損敗及舶主不在，官爲拯救，錄物貨，許其親屬召保認還，及立防守盜縱詐（詐？）冒斷罪法，從之。」

又關於飄著的外人曾鞏文定公集卷一亦有云：

「存恤外國人請著爲令劄子。」

此事是起於託羅卽耽羅國人崔擧等飄流至泉州界，被捕魚船救助後，自陳於泉州，欲往明州候便船返本國，爲此，泉州乃給以沿路口劵遣人獲送來明州之事。文中有云：

「泉州初但給與口劵，差人徒步押來，恐朝廷矜恤之恩有所未稱，檢皇祐一路編敕，亦只有給與口食指揮。今來聖旨令於係官屋舍安泊，常切照管，事理不同，緣今來所降聖旨未有著令。欲乞今後高麗等國人船因風勢不便，或有飄失到沿海諸州縣，幷令置酒犒設，送係官屋舍安泊，逐日給與食物，仍數日一次別設酒食，闕衣服者官爲置造，道路隨水陸給供鞍馬舟船，具折奏聞。其欲歸本國者，取稟朝旨，所貴遠人得知朝廷仁恩待遇之意。」

這是在熙寧年間曾鞏知明州時候的事情。其所請求固然照准了。

一般蕃客及生長在中國所謂土生蕃到他州或東京販賣貨物的規定，前已說過了。又對於居住在中國經過五世以上之蕃客的遺產，在宋會要中亦有規定，如徽宗政和四年五月十八日詔云：

「諸國蕃客到中國居住，已經五世，其財產依海行無合承分人及不經遺囑者，幷依戶絕法，仍入市舶司拘管。」

此文中海上之「依」字當爲衍文。全文意爲諸國蕃客來中國居住，已經五年，其財產因海行無承繼人，並無遺囑之時，則依戶絕法處分，歸市舶司保管。戶絕法依唐時的規例：

「諸身喪戶絕者，所有奴婢、客女、部曲、資財、店宅，幷令近親將營葬事及功德外，餘幷還女；無女，均入近親；官爲檢校。亡人在日，有遺囑處分，處分明者，不用此律。」

宋代大體亦相同。所以要歸市舶司保管者，蓋爲等待亡人之女或近親之收領。

不是久住的蕃客而客死於中國者，唐時的慣例，據孔戣墓誌銘云：

「絕海之商有死於吾地者，官藏其貨，滿三月無妻子之請者，盡沒之。」

在宋時似也有如此的慣例，玫瑰集（卷八六）崇獻靖王趙伯圭行狀中，述其知明州時的美事云：

「眞里富國大商死於城下，囊齎巨萬，吏請沒入。王曰，遠人不幸至此，忍因以爲利乎！爲具棺斂，屬其徒護喪以歸。明年戎酋致謝曰，吾國貴近亡沒，尙藉其家，今見中國仁政，不勝感慕，遂除籍沒之例矣。來者且言，死商之家，盡捐所歸之貲，建三浮屠，繪王像以祈壽。島夷傳聞，無不感悅。至今其國人以琛貢至，猶問王安否？」

觀其感悅之狀，則吏之請沒入者殆爲常則可想而知。(20)

參考

1. 果布二字漢書注及其他概分爲果(物)與布二種。可是我以爲這或者是與後世的古貝或吉貝相等，都是馬來語 Kapas (Sonskrit Karkāsa) 的音譯也未可知。

2. 從前我想已程不國爲 Kūtalpura，不過現在我想作爲 Kitthipura (Kitur) 更妥當。其地在 Mysore 西北 Kāviri (Cauvery) 之支流 Kabbani 水上，是古碑上所見到 punāta (ptolemy 之 pounnata) 之首都，古代以產 beryl (aqamarine gem) 著名 (Smith, The early history of India, 443.)。璧流離是從 Sanskrit 之 Vaidurya 而來的，爲 Beryl 同語之訛，t 或 d 往往轉爲 l 或 r，如 Lata 轉爲 Lala，Guda 轉爲 Gura 者是。當時既云市明珠、璧流離、奇石異物，且在聲音的相類上觀察，已不程爲 Kitthipura 似無少疑。不消說，這種爲南印度海岸所出產的明珠。

3. 與「仁」同音之「人」字的聲音作 Jim，卽可知爲此字而後世則又寫作 Nim。這好比「二」或貳元本寫作 Jit，後世則寫作 Nit 一樣。在唐時此音又作 Yit，Āścharya 一字在西域記作阿奢理貳而在三藏法師傳作阿奢理兒。(Watters, onyuang Chwang, vol. I. 63)

4. 關於崑崙崑崙等候異日專文論之。

5. 桑原博士所云「在中國往來的外國貿易船，中國人普通稱爲市舶或互市舶。」(史學雜誌第二十七編第二號）我們認爲至少在唐宋時代尚未見有此用例。我想市舶元爲互市船舶之意，惟此名至用作官名之後，一般商船卽不用此名似的。

6. 步頭又叫馬頭。唐時已有此名。或有解爲馬匹乘船之處，可是又有稱之曰步頭者，則此解不可通。或者是與在南印度用爲海口城市之名稱的 pattanam (ttpaan, Fattan) 有連絡關係也未可知。

7. 此宋會要食貨三十八市舶一部份是從永樂大典卷一七五五二抄出。此書今歸吳興劉承幹氏收藏，尚未刊行。我於去冬經羅叔蘊君之介紹得借抄市舶一部份。以下所引卽根據於此。

8. 桑原博士在其「關於宋末之提舉市舶使西域人蒲壽庚」一論文中下市舶之定義曰：「所謂市舶意謂互市舶，是指到中國來的外國貿易船。管理關於外國貿易船一切事務的機關稱提舉市舶司，其長官稱提舉市舶使，」又曰「提舉市舶使亦單稱市舶使」（史學雜誌第二十六編第十號。）這其中含有幾多的錯誤。管理海船一切事務的機關有市舶司，而無提舉市舶司，市舶司的長官初稱市舶使，神宗以後稱提舉市舶司或提舉市舶。將提舉市舶司混同爲市舶司的機關名稱自然是謬誤，尤其稱市舶司的長官爲提舉市舶使，是根據何書呢？在宋時無此官名。又市舶使或提舉市舶司所掌的事務，不僅只關於從外國來的貿易船，對於國內之海外貿易船亦包含在內。

9. 宋李心傳建炎以來朝野雜記甲集卷一五市舶本息條所云：「神宗時始分閩、浙、廣三路各置提舉官一員，」殆指此而言。這元是一種謬誤。蓋泉州尚無市舶司，市舶官無成立理由。

10. 這是從永樂大典卷一二一六〇抄出宋會要外國入貢條文。

11. 關於廣州蕃坊及居留蕃人已有 Hirth 氏與桑原博士等論述了。辛押陁羅的事實又載在東坡全集（卷一〇七）歸德將軍的制敕中「敕具官辛押陁羅，天日之光，下被草木，雖在幽遠，靡不照臨，以爾嘗詣闕庭，躬陳琛幣，開導種落，歲致梯航，願自比於內臣，得均被於霈澤，祇服新寵，益思盡忠可。」卽是。

12. 我前在「闢為通商海口的杭州」小論文中以著海潮說有名的燕肅認為是「張肅」？全是錯誤的。宋史（卷二九八）有燕肅傳，王應麟四明大觀中亦說其著海潮圖論二篇（延祐四明志卷一）。

13. 我前在「闢為通商海口的杭州」中猜疑華亭究竟有否置市舶司？那是因為還沒有看到宋會要的關係。又輿地紀勝亦引繫年錄曰「紹興二年三月甲子，詔兩浙市舶就秀州華亭縣置市舶司。」所云繫年錄卽李心傳的建炎以來繫年要錄。

14. 關於頭子錢在李心傳建炎以來朝野雜記（甲集卷一五）中有云，「頭子錢者，唐德宗除陌錢之法也。五代國初亦取之，以供州用，其數鮮。康定元年始令具數申省，不得擅支。政和四年，又令給納係省錢物，每貫取五文。（陳）亨伯為經制，遂令公家出納每千取二十三文。」文獻通考卷四田賦考中更可以看到詳細的記載。

15. 參考史學雜誌第二十七編第五號桑原博士論文。

16. 以下所說可參考元典章二十二戶部八市舶條。

17. 此由永樂大典卷二〇五二二抄出宋會要外國入貢條文。

18. 在宋會要又可看到，「（紹興三年）八月二十二日，新差提舉廣南路市舶姚焯言，蒙恩付以南海船事，唯蕃商物貨之職而已他不與焉。今赴新任，竊恐入境已後，或見本路民間有的實利病，乞依守臣五事例，得以條具聞奏，庶幾遠民咸喩德意。從之。」所云守臣五事例，卽宋史（卷一六三）職官志吏部考功郎中條所說，「以四善三最考守令：德義有聞，淸謹明著，公平可稱，恪勤匪懈，爲四善。獄訟無寃，催科不擾，爲治事之最；農桑墾殖，水利興修，爲勸課之最；屛除姦盜，人獲安處，振恤困窮，不致流移，爲撫養之最。通善最分三等：五事爲上，二事爲中，餘爲下。」之五事。據此提舉市舶是與守令互相爲維繫的官，故乾道年間提舉福建市舶張堅亦有云，「郡與舶司體實相制」（京口耆舊傳卷七張堅傳。）

19. 關於三佛齊造瓦之事，亦見於京口耆舊傳張堅傳，其文曰，「三佛齊番首致生銅，求造瓦於泉州，歸以飾佛寺，朝廷從之。堅言是欲幷緣以洩銅寶，詔以銅還之舶商慴服。」由此可見洩銅的詭計當時已爲人所識破。

20. 關於宋代市舶的舶貨卽輸入貨物及市舶對於國家財政的影響等因問題太長，候異日另爲文發表，故今從略。

（譯自日本大正六年五月東洋學報第七卷第二號）